“十二五”职业教育国家规划教材配套辅导用书
高职高专财经类专业规划教材

税费计算与申报职业能力训练

(第3版)

SHUIFEI JISUAN YU SHENBAO ZHIYE NENGLI XUNLIAN

主　编　李志　于涵　王燕
副主编　董秀　洪燕　谭霞

中国财经出版传媒集团
中国财政经济出版社

图书在版编目（CIP）数据

税费计算与申报职业能力训练／李志，于涵，王燕主编．—3版．—北京：中国财政经济出版社，2019.9（2025.2重印）

“十二五”职业教育国家规划教材配套辅导用书　高职高专财经类专业规划教材

ISBN 978－7－5095－9181－9

Ⅰ.①税…　Ⅱ.①李…②于…③王…　Ⅲ.①税费－计算－高等职业教育－教材②纳税－税收管理－中国－高等职业教育－教材　Ⅳ.①F810.423②F812.42

中国版本图书馆CIP数据核字（2019）第188404号

责任编辑：田明晖　　　　责任校对：李　丽

封面设计：陈宇琰

中国财政经济出版社出版

URL：http：//www.cfeph.cn

E－mail：jiaoyu@cfeph.cn

社址：北京市海淀区阜成路甲28号　邮政编码：100142

营销中心电话：010－88191537　编辑部门电话：010－88190670

涿州汇美亿浓印刷有限公司印刷　各地新华书店经销

787×1092毫米　16开　7.25印张　162 000字

2019年9月第3版　2025年2月北京第4次印刷

定价：20.00元

ISBN 978－7－5095－9181－9

（图书出现印装问题，本社负责调换）

本社质量投诉电话：010－88190744

打击盗版举报热线：010－88191661　QQ：2242791300

第3版前言

《税费计算与申报职业能力训练》是“十二五”职业教育国家规划教材《税费计算与申报》一书的配套辅导用书，由于自2016年5月1日起，我国全面推行营改增试点，将建筑业、房地产业、金融业、生活服务业全面纳入营改增试点，至此营业税退出历史舞台；又由于增值税、企业所得税、个人所得税等相关政策法规发生变化，第3版教材正是基于此而修订。本书在编写过程中，突出以下两个特点：一是密切结合企业纳税工作实际，精选典型工作任务，操作内容与实际工作无缝对接；二是紧紧围绕办税能力培养，立足行动导向型训练，项目任务驱动，从纳税实务的角度塑造学生从事纳税工作应具备的职业素养，全面提升学生的学习能力、专业能力、创新能力、就业能力。

本书按照主教材《税费计算与申报》的内容逐一展开，共安排有八个实训项目。前七个项目让学生在掌握各税种相关规定、加强政策法制观念的基础上，通过填报各税种纳税申报资料，进一步提高学生纳税申报的核心能力。第八个项目是在专项训练的基础上进行综合实训，根据生产企业、服务业等行业，对涉及的各税种进行申报，从而全面、系统地掌握整个实务过程，达到对所学专业知识的巩固和提高。书中既有针对税法基本知识所设计的单项选择题、多项选择题、判断题、案例分析题、计算题等职业判断能力训练题，又有办理纳税申报的职业实践能力训练题，内容丰富，操作性强。

本书校企合作编写，李志、于涵、王燕担任主编，董秀、洪燕、谭霞担任副主编。教材具体分工如下：项目一、项目五、项目八由李志、于涵、李萌编写，项目二、项目三由王燕编写，项目四、项目七由董秀、洪燕、邹海刚编写，项目六由谭霞编写。全书最后由李志修改和总纂，山东山审会计师事务所高级会计师、注册会计师、注册税务师郭法远主审。

本书在编写过程中参阅了大量相关文献，得到了中国财政经济出版社和部分高职高专院校领导、专家的大力支持，在此表示衷心感谢。

本书既可作为高职高专财经类和相关专业教学用书，也可作为在职会计人员培训及自学者自学用书。本书答案等教学资源可登录中国财政经济出版社教育分社网站 edu. cfeph. cn 下载。

由于作者水平所限，书中难免存在疏漏或不足之处，恳请读者批评指正。

编者

2019年8月

目 录

1 项目一 纳税事项的办理

知识回顾

一、相关概念

1. 税收

税收是国家为了向社会提供公共商品，凭借政治权力，按照法律规定参与国民收入再分配的取得财政收入的一种形式。

2. 税务登记

税务登记是税务机关根据税法规定对纳税人的生产经营活动进行登记管理的一项基本制度，也是纳税人已经纳入税务机关监督管理的一项证明。

3. 变更税务登记

变更税务登记是指纳税人办理税务登记后，需要对原登记内容进行更改，而向税务机关申报办理的税务登记。

4. 发票

发票是指一切单位和个人在购销商品、提供或者接受劳务服务以及从事其他经营活动时，所提供给对方的收付款的书面证明。它是财务收支的法定凭证，是会计核算的原始凭据。

5. 纳税申报

纳税申报是指纳税人就计算缴税款的有关事项向税务机关提出的书面报告，是税务管理的一项重要制度。它既是纳税人履行纳税义务的法定程序，又是税务机关核定应征税款和开具纳税凭证的主要依据。

二、税务登记的要求

（一）开业税务登记

1. 开业税务登记的范围

（1）领取营业执照从事生产、经营的纳税人，包括：①企业，即从事生产、经营的单位或组织，包括国有、集体、私营企业，股份制企业、中外合资企业、中外合作企业、外国独资企业等；②企业在外地设立的分支机构和从事生产、经营的场所；③个体工商户；④从事生产、经营的事业单位。

（2）其他有纳税义务的单位和个人。

2. 开业税务登记的时间

从事生产、经营的纳税人应当自领取营业执照，或者自有关部门批准设立之日起30日内，或者自纳税义务发生之日起30日内，到向生产、经营地或者纳税义务发生地主管税务机关申报办理税务登记，从事生产、经营的纳税人应当自领取营业执照，或者自有关部门批准设立之日起30日内，或者自纳税义务发生之日起30日内，到向生产、经营地或者纳税义务发生地主管税务机关申报办理税务登记。

（二）变更税务登记

1. 变更税务登记的范围

适用范围主要有以下几种：①改变名称；②改变法人代表；③改变经济性质；④增设或撤销分支机构；⑤改变住所或经营地点（涉及主管税务机关变动的办理注销登记）；⑥改变生产、经营范围或经营方式；⑦增减注册资本；⑧改变隶属关系；⑨改变生产经营期限；⑩改变开户银行和账号；⑪改变生产经营权属以及改变其他税务登记内容。

2. 变更税务登记的时间

纳税人在工商行政管理机关办理变更登记的，应当自工商行政管理部门办理变更登记之日起30日内，向原税务机关申报办理变更税务登记。

（三）停、复业税务登记

实行定期定额征收方式的个体工商户需要停业的，应当在停业前向税务机关申报办理停业登记。纳税人的停业期不得超过一年。

纳税人应当于恢复生产经营之前，向税务机关申报办理复业登记，如实填写《停、复业报告书》，领回并启用税务登记证件、发票领购簿及其停业前领购的发票。

（四）注销税务登记

（1）纳税人发生解散、破产、撤销以及其他情形，依法终止纳税义务的，应当在向工商行政管理机关或者其他机关办理注销登记前，持有关证件和资料向原税务登记机关申报办理注销税务登记；按规定不需要在工商行政管理机关或者其他机关办理注册登记的，应当自有关机关批准或者宣告终止之日起15日内，持有关证件和资料向原税务机关申报办理注销税务登记。

（2）纳税人被工商行政管理机关吊销营业执照或者被其他机关予以撤销登记的，应当自营业执照被吊销或者被撤销登记之日起15日内，向原税务机关申报办理注销税务登记。

（3）纳税人因住所、经营地点变动，涉及改变税务登记机关的，应当在向工商行政管理机关或者其他机关申请办理变更、注销登记前，或者住所、经营地点变动前，持有关证件和资料，向原税务登记机关申报办理注销税务登记，并自注销税务登记之日起30日内向迁达地税务机关申报办理税务登记。

（4）境外企业在中国境内承包建筑、安装、装配、勘探工程和提供劳务的，应当在项目完工、离开中国境内前15日内，持有关证件和资料，向原税务登记机关申报办理注销税务登记。

（5）纳税人办理注销税务登记前，应当向税务机关提交相关证明文件和资料，结清应纳税款、多退（免）税款、滞纳金和罚款，缴销发票、税务登记证件和其他税务证件，经税务机关核准后，办理注销税务登记手续。

三、发票管理

（一）领购发票

增值税企业发票领购到国税局办理。

统印发票的领购方式有批量供应、交旧购新、验旧购新三种。

（二）开具发票

开具发票应当按照规定的时限、顺序，逐栏、全部联次一次性如实填开，即必须做到按号码顺序填开，填写项目齐全，内容真实，字迹清楚，全部联次一次性复写或打印，内容完全一致，并在发票联或者抵扣联加盖单位发票专用章。填写专用发票还要求：字迹不得涂改；票面品名与货物相符，票面金额与实际收取的金额相符；各项目内容正确无误，发票联和抵扣联盖发票专用章。

四、纳税申报方式

纳税人和扣缴义务人可以根据实际经营情况选择以下纳税申报方式：

1. 直接申报（上门申报）

纳税人、扣缴义务人按照规定的期限直接到主管税务机关办理纳税申报手续。

2. 邮寄申报

纳税人、扣缴义务人经主管税务机关批准，可将纳税申报表及其有关纳税资料通过邮局寄送主管税务机关。纳税申报日期以寄出地的邮戳日期为准。

3. 电子申报

对财务核算健全、会计实行电算化管理、纳税申报正常的纳税人和扣缴义务人，经主管税务机关审查批准后，可以通过计算机网络、电话线路、磁介质等形式办理纳税申报。

4. 代理申报

纳税人、扣缴义务人自行申报有困难的，可委托税务代理机构代理申报。

五、税款缴纳

1. 自核自缴（三自纳税）

在法定的纳税申报期内，由纳税人自行计算应纳税款、自行填开缴款书并自行到银行缴纳税款，然后持纳税申报表、缴款书报查联和有关资料，向税务机关办理申报。

2. 转账缴税

纳税人在法定的纳税申报期内，由纳税人持纳税申报表和有关资料，向税务机关办理纳税申报，并根据税务机关填制的缴款书通过开户银行转账缴纳税款的方式。

3. 预储账户缴税（银行税务一体化管理）

纳税人在银行开设税款预储账户、按期提前储入当期应纳税款，并在法定的申报期内向税务机关报送纳税申报表和有关资料，由税务机关开具税收缴款书通知银行划款入库。

4. 支票缴税

在法定的申报期内，纳税人持纳税申报表和有关资料以及应付税款等额支票，报送税务机关；税务机关审查支票的有效性后，向纳税人开具完税凭证，然后集中报缴数字、支票清单，统一交由国库办理清算。该方式需在税务机关、银行、国库三家计算机实现联网后方能实施。

5. 现金缴税

对未在银行开立银行账户的纳税人，在法定的纳税申报期内，由纳税人自行计算应纳税款后持纳税申报表和有关资料、现金向税务机关办理纳税申报手续。无固定经营场所的零散税收缴纳也适用该方式。

6. 信用卡缴税

在法定的纳税申报期内，由纳税人自行计算应纳税款后持纳税申报表和有关资料、信用卡向税务机关办理纳税申报手续。税务机关在查询信用卡的余额足以交纳应缴税款后，开具完税凭证，征收税款。

职业判断能力训练

一、单项选择题

1. 以下税种中属于流转税类的是(　　)。

A. 个人所得税　　B. 增值税

C. 资源税　　D. 印花税

2. 有权制定税收行政法规的部门是(　　)。

A. 全国人民代表大会及其常务委员会　　B. 国务院

C. 财政部和国家税务总局　　D. 省级国家税务局和地方税务局

3. 下列税种收入中属于中央政府与地方政府共享收入的是(　　)。

A. 消费税　　B. 增值税

C. 车辆购置税　　D. 土地增值税

4. 从事生产、经营的纳税人自领取营业执照之日起(　　)内，持有关证件向税务机关申报办理税务登记。

A. 7 日　　B. 10 日

C. 15 日　　D. 30 日

5. 纳税人因被工商行政管理机关吊销营业执照需要注销税务登记的，应当自营业执照被吊销之日起(　　)内，向原税务登记机关申请办理注销税务登记。

A. 5 日　　B. 10 日

C. 15 日　　D. 30 日

6. 纳税人未按规定期限申报办理开业税务登记、变更或者注销登记的，税务机关责令限期改正，可以处(　　)元以下的罚款。

A. 500　　B. 1 000

C. 1 500　　D. 2 000

7. 从事生产经营的纳税人应自领取(　　)之日起 15 日内，将其财务、会计制度或者财务、会计处理办法报送税务机关备案。

A. 税务登记证件　　B. 发票领购簿

C. 营业执照　　D. 财务专用章

8. 纳税人因有特殊困难，不能按期缴纳税款的，经省、自治区、直辖市国家税务局、地方税务局批准，可以延期缴纳税款，但最长不得超过(　　)个月。

A. 1　　B. 2

C. 3　　D. 4

9. 在税款征收方式中，查账征收方式一般适用于(　　)。

A. 经营品种比较单一，经营地点、时间和商品来源不固定的纳税单位

B. 账册不够健全，但能够控制原材料或进销存的纳税单位

C. 财务会计制度较为健全，能够认真履行纳税义务的纳税单位

D. 无完整考核依据的小型纳税单位

10. 下列有关纳税申报的表述中，正确的是(　　)。

A. 纳税人只能采取直接纳税方式　　B. 享受免税的企业不必申报纳税

C. 享受减税的企业应按时纳税申报　　D. 扣缴义务人无须进行纳税申报

11. 已经开具的发票存根联和发票登记簿，应当保存(　　)年。

A. 5　　B. 10

C. 15　　D. 25

12. 因纳税人、扣缴义务人计算错误等失误，未缴或者少缴税款，税务机关在(　　)年内可以追征税款、滞纳金。

A. 2 年　　B. 3 年

C. 5 年　　D. 10 年

13. 税务机关有根据认为从事生产、经营的纳税人有逃避纳税义务行为的，可以在规定的纳税期之前，责令限期缴纳应纳税款；在限期内发现纳税人有明显的转移、隐匿其应纳税的商品、货物以及其他财产或者应纳税收入迹象的，税务机关可以(　　)。

A. 采取税收保全措施　　B. 采取强制执行措施

C. 责成担保人缴纳税款　　D. 责成纳税人提供纳税担保

14. 税务机关责成纳税人提供纳税担保，如果纳税人不能提供纳税担保，经(　　)批准，税务机关可以采取税收保全措施。

A. 省、自治区、直辖市税务局（分局）局长

B. 省、自治区、直辖市税务局（分局）

C. 县以上税务局（分局）局长

D. 县以上税务局（分局）

15. 纳税人因有特殊困难，不能按期缴纳税款的，经(　　)批准，可以延期缴纳税款。

A. 省、自治区、直辖市国家税务局、地方税务局

B. 省、自治区、直辖市国家税务局

C. 县及县以上国家税务局、地方税务局

D. 县及县以上国家税务局

16. 纳税人自结算缴纳税款之日起(　　)内发现的，可以向税务机关要求退还多缴的税款。

A. 1年　　B. 3年

C. 5年　　D. 10年

二、多项选择题

1. 税收实体法规规定了每个税种的(　　)等课税要素。

A. 纳税人　　B. 纳税对象

C. 税率　　D. 纳税地点

2. 我国现行的税率形式主要有(　　)。

A. 比例税率　　B. 超额累进税率

C. 超率累进税率　　D. 定额税率

3. 下列税收法律规范，由全国人民代表大会立法确立的有(　　)。

A. 增值税暂行条例　　B. 消费税暂行条例实施细则

C. 个人所得税法　　D. 税收征收管理法

4. 纳税人在下列情形下须办理注销税务登记(　　)。

A. 纳税人发生解散、破产、撤销的

B. 纳税人因住所、经营地点或产权关系变更不涉及改变主管税务机关的

C. 纳税人被工商行政管理机关吊销营业执照的

D. 纳税人发生的其他应办理注销税务登记情况的

5. 开具发票应当按照规定的(　　)如实开具，并加盖单位财务印章或者发票专用章。

A. 时限　　B. 顺序

C. 逐栏　　D. 全部联次一次性

6. 从事生产、经营的纳税人的(　　)应当报送税务机关备案。

A. 财务、会计制度　　B. 财务、会计处理办法

C. 会计核算软件　　D. 有效记账凭证

7. 下列各项中，属于我国税款征收方式的有(　　)。

A. 查账征收　　B. 查定征收

C. 查验征收　　D. 定期定额征收

8. 纳税人要依法履行纳税义务，不能(　　)。

A. 偷税　　B. 漏税

C. 欠税　　D. 逃税

9. 欠缴税款的纳税人或者他的法定代表人需要出境的，应当在出境前向税务机关(　　)。否则，税务机关可以通知出境管理机关阻止其出境。

A. 结清应纳税款　　B. 结清滞纳金

C. 提供担保　　D. 提供抵押物

10. 税务机关可以采取的强制执行措施包括(　　)。

A. 书面通知纳税人开户银行或者其他金融机构冻结纳税人的金额相当于应纳税款的存款

B. 扣押、查封纳税人的价值相当于应纳税款的商品、货物或者其他财产

C. 书面通知其开户银行或者其他金融机构从其存款中扣缴税款

D. 扣押、查封、依法拍卖或者变卖其价值相当于应纳税款的商品、货物或者其他财产，以拍卖或者变卖所得抵缴税款

11. 纳税人有(　　)行为之一的，由税务机关责令限期改正，可以处 2 000 元以下的罚款；情节严重的，处 2 000 元以上 10 000 元以下的罚款。

A. 未按照规定设置、保管账簿或者保管记账凭证和有关资料的

B. 未按照规定的期限申报纳税的

C. 未按照规定将其全部银行账号向税务机关报告的

D. 未按照规定安装、使用税控装置，或者损毁、擅自改动税控装置的

12. 扣缴义务人应扣未扣、应收而不收税款的，由税务机关(　　)。

A. 对扣缴义务人处应扣未扣，应收未收税款 50% 以上 3 倍以下的罚款

B. 对扣缴义务人处应扣未扣，应收未收税款 50% 以上 5 倍以下的罚款

C. 向纳税人追缴税款

D. 向纳税人追缴税款，并处税款 50% 以上 5 倍以下的罚款

13. 以下行为属于偷税行为的有(　　)。

A. 纳税人不进行纳税申报，不缴或者少缴应纳税款的行为

B. 纳税人在账簿上多列支出或者不列、少列收入，不缴或者少缴应纳税款的行为

C. 纳税人、扣缴义务人编造虚假计税依据的行为

D. 纳税人经税务机关通知申报而拒不申报或者进行虚假的纳税申报，不缴或者少缴应纳税款的行为

14. 对纳税人、扣缴义务人在规定期限内不缴或者少缴应纳或者应解缴的税款，经税务机关责令限期缴纳，逾期仍未缴纳的，税务机关可以(　　)。

A. 采取税收保全措施追缴其不缴或者少缴的税款

B. 采取强制执行措施追缴其不缴或者少缴的税款

C. 处不缴或者少缴的税款50%以上3倍以下的罚款

D. 处不缴或者少缴的税款50%以上5倍以下的罚款

15. 纳税人不能按照税法规定的纳税期限缴纳税款，可以申请延期缴纳税款的特殊情况有(　　)。

A. 因不可抗力，导致纳税人发生较大损失，正常生产经营活动受到较大影响的

B. 当期货币资金在扣除应付职工工资、社会保险费后，不足以缴纳税款的

C. 因不可抗力，导致纳税人发生较大损失，正常生产经营活动受到影响的

D. 当期货币资金在扣除应付职工工资和应计提的公益金、公积金后不足以缴纳税款的

三、判断题

1. 纳税人改变单位名称或法人代表不需要办理税务登记。(　　)

2. 从事生产、经营的纳税人需要注销登记的，应当在向工商行政管理机关申请办理注销登记之前，持有关证件向税务机关申报办理注销税务登记。(　　)

3. 因纳税人、扣缴义务人计算错误等，未缴或少缴税款的，税务机关可在5年内追征。(　　)

4. 纳税人、扣缴义务人编造虚假计税依据的，由税务机关责令限期改正，并处5万元以下的罚款。(　　)

5. 经核准延期办理纳税申报的，应当在纳税期内按照上期实际缴纳的税额或者税务机关核定的税额预缴税款，并在核准的延期内办理税款结算。(　　)

6. 税务机关采取税收保全措施和强制执行措施必须依照法定权限和法定程序，必要时，可以查封、扣押纳税人个人及其所扶养家属维持生活必需的住房和用品。(　　)

7. 对未按照规定办理税务登记的从事生产、经营的纳税人，税务机关可以核定其应纳税额并扣押其价值相当于应纳税款的商品、货物。(　　)

8. 因税务机关的责任，致使纳税人、扣缴义务人未缴或者少缴税款的，税务机关在3年内可以要求纳税人、扣缴义务人补缴税款，并可以加收滞纳金。(　　)

9. 纳税人因享受减税、免税待遇的，在减税、免税期间可以不办理纳税申报。(　　)

10. 某纳税人某月取得的收入为700元，税率为10%，假定起征点为600元，则按起征点计算，其应纳税额为70元。(　　)

四、案例分析题

某县税务局在2019年6月进行了以下的税务活动：

1. 6月1日实施检查中，发现某商店（系个体）2019年5月20日领取营业执照后，未申请办理税务登记。据此，该税务局于2019年6月3日作出责令该商店必须在

2019 年 6 月 20 日前办理税务登记，逾期不办理的，将按《税收征管法》有关规定处以罚款的决定。

2. 6 月 12 日接到群众举报，辖区内某服装厂（系个体）开业近两个月尚未办理税务登记。经查，该服装厂 2019 年 4 月 24 日办理工商营业执照，4 月 26 日正式投产，没有办理税务登记。根据检查情况，税务局于 6 月 16 日作出责令某服装厂于 6 月 23 日前办理税务登记并处以 500 元罚款的决定。

3. 某企业财务人员 2014 年 7 月采取虚假的纳税申报手段少缴增值税 5 万元。2019 年 6 月，税务人员在检查中发现了这一问题，要求追征这笔税款。该企业财务人员认为时间已过 3 年，超过了税务机关的追征期，不应再缴纳这笔税款。

4. 某服装厂逾期未缴纳税款，该局征管科送达了《催缴税款通知书》进行催缴，服装厂依然未按期缴纳税款，于是经该征管科科长批准，扣押了服装厂价值相当于应纳税款的服装。

根据上述资料，回答下列问题：

（1）根据事项 1，从事生产、经营的纳税人应当在领取营业执照 30 日内，到(　　)主管税务机关申报办理税务登记。

A. 生产、经营地　　B. 纳税义务发生地

C. 工商登记地　　D. 银行开户地

（2）根据事项 2，针对税务局的处理决定，下列表述正确的有(　　)。

A. 处理决定有效

B. 处理决定无效

C. 未按照规定期限申报办理税务登记，由税务机关责令限期改正，可以处 2 000 元以下的罚款

D. 未按照规定期限申报办理税务登记，由税务机关责令限期改正，可以处 1 000 元以下的罚款

（3）根据事项 3，下列表述正确的有(　　)。

A. 税务机关可以追征这笔税款

B. 税务机关不可以追征这笔税款

C. 对偷税、抗税、骗税的税务机关可以无限期追征其未缴或者少缴的税款、滞纳金或者所骗取的税款

D. 对偷税、抗税、骗税的税务机关应在 3 年内追征其未缴或者少缴的税款、滞纳金或者所骗取的税款

（4）如果是税务机关的责任，致使纳税人、扣缴义务人未缴或者少缴税款的，税务机关在(　　)年内可以要求纳税人、扣缴义务人补缴税款，但是不得加收滞纳金。

A. 1　　B. 3

C. 5　　D. 无限期

（5）根据事项 4，税务机关采取强制执行措施时必须经(　　)批准。

A. 县以上税务局（分局）局长　　B. 市以上税务局局长

C. 省以上税务局局长　　D. 县级人民政府

职业实践能力训练

实训一　我国现行税收制度认知实训

一、训练目标

理解和掌握我国现行税收制度体系。

二、工作任务

我国现行税收制度体系的划分。

三、实训材料

请将增值税、消费税、关税、企业所得税、个人所得税、资源税、土地增值税、城镇土地使用税、城市维护建设税、车辆购置税、耕地占用税、房产税、车船税、印花税、契税填入表1－1、表1－2：

表1－1

类　　别	征　收　税　种
流转税类	
所得税类	
资源税类	
特定目的税类	
财产和行为税类	

表1－2

征收机关	征　收　税　种
国税局系统	
地税局系统	
地方财政部门	
海关系统	

实训二　变更税务登记

一、训练目标

能够按照税法规定时间办理变更税务登记。

二、工作任务

1. 根据提供的天津精品纺织有限公司的相关资料，确定办理变更税务登记的时间。
2. 填写变更税务登记表（见表1-3）。

表1-3　变更税务登记表

<table>
<tr><td>纳税人名称</td><td colspan="2"></td><td>纳税人识别号</td><td></td></tr>
<tr><td colspan="5">变更登记事项：</td></tr>
<tr><td>序号</td><td>变更项目</td><td>变更前内容</td><td>变更后内容</td><td>批准机关名称及文件</td></tr>
<tr><td></td><td></td><td></td><td></td><td></td></tr>
<tr><td></td><td></td><td></td><td></td><td></td></tr>
<tr><td></td><td></td><td></td><td></td><td></td></tr>
<tr><td></td><td></td><td></td><td></td><td></td></tr>
<tr><td></td><td></td><td></td><td></td><td></td></tr>
<tr><td></td><td></td><td></td><td></td><td></td></tr>
<tr><td></td><td></td><td></td><td></td><td></td></tr>
<tr><td></td><td></td><td></td><td></td><td></td></tr>
<tr><td colspan="5">送缴证件情况：</td></tr>
<tr><td colspan="5">纳税人

经办人：　　　　法定代表人（负责人）：　　　　纳税人（签章）
年　月　日　　　　年　月　日　　　　年　月　日</td></tr>
<tr><td colspan="5">经办税务机关审核意见：

经办人：　　　　负责人：　　　　税务机关（签章）
年　月　日　　　　年　月　日　　　　年　月　日</td></tr>
</table>

三、实训材料

天津精品纺织有限公司是由天津东方投资有限公司和香港华丽纺织有限公司合资设立的中外合资企业，经天津门市外管局“天外字009839号”批文批准设立，2013年3月1日取得天津市工商管理部门颁发的“天合字第20130063号”营业执照，该公司注册资本为人民币1 000万元，其中天津东方投资有限公司占70%、香港华丽服装有限公司占30%。该公司的机构代码为607993682，生产经营期限从2013年3月1日到2029年2月28日。2014年1月10日，天津精品纺织有限公司（税号650203409376004）董事会作出增资决议，注册资本由人民币1 000万元增加到人民币2 000万元，增资后，天津东方投资有限公司占70%、香港华丽服装有限公司占30%。该决议已获得天津市外管局“天增字2014005号”文批准，并于2014年2月8日取得变更后的营业执照。

2 项目二 增值税计算与申报

知识回顾

一、相关概念

1. 增值税

增值税是对在我国境内销售货物、提供应税劳务，销售服务、无形资产和不动产以及进口货物的单位和个人，以其增值额为课税对象而征收的一种税。

2. 混合销售行为

一项销售行为如果既涉及服务又涉及货物，为混合销售。从事货物的生产、批发或者零售的单位和个体工商户的混合销售行为，按照销售货物缴纳增值税；其他单位和个体工商户的混合销售行为，按照销售服务缴纳增值税。

3. 增值税纳税人

在中华人民共和国境内销售货物、劳务、服务、无形资产和不动产，以及从事进口货物的单位和个人，为增值税的纳税人。

4. 税率

（1）标准税率13%。

（2）增值税一般纳税人提供交通运输、邮政、基础电信、建筑、不动产租赁服务，销售不动产，转让土地使用权，税率为9%。

（3）纳税人销售或者进口货物，原适用16%税率的，调整为13%；原适用10%税率的，调整为9%。

（4）纳税人销售服务、无形资产，除标准税率、适用9%低税率和跨境销售服务无形资产适用零税率的另有规定外，税率为6%。

（5）纳税人出口货物、境内单位和个人跨境销售国务院规定范围内的服务、无形资产，税率为零。

二、增值税税款计算

（一）一般计税方法应纳税额的计算

1. 当期销项税额的计算

当期销项税额 = 销售额 × 适用税率

2. 当期进项税额的计算

当期进项税额 = 当期准予扣除的进项税额 − 进项税额扣减 + 上期留抵税额

3. 当期应纳增值税额的计算

当期应纳增值税额 = 当期销项税额 − 当期进项税额

（二）简易计税方法应纳税额的计算

应纳税额 = 销售额 × 征收率

（三）进口货物应纳税额的计算

组成计税价格 = 关税完税价格 + 关税 + 消费税

进口货物应纳税额 = 组成计税价格 × 适用税率

三、出口货物“免、抵、退”税的计算方法

1. 当期应纳税额的计算

当期应纳税额 = 当期销项税额 −（当期进项税额 − 当期不得免征和抵扣税额）

当期不得免征和抵扣税额 = 当期出口货物离岸价 × 外汇人民币折合率 ×（出口货物适用税率 − 出口货物退税率）− 当期不得免征和抵扣税额抵减额

当期不得免征和抵扣税额抵减额 = 当期免税购进原材料价格 ×（出口货物适用税率 − 出口货物退税率）

2. 当期“免、抵、退”税额的计算

当期“免、抵、退”税额 = 当期出口货物离岸价 × 外汇人民币折合率 × 出口货物退税率 − 当期“免、抵、退”税额抵减额

当期“免、抵、退”税额抵减额 = 当期免税购进原材料价格 × 出口货物退税率

3. 当期应退税额和免抵税额的计算

（1）当期期末留抵税额≤当期“免、抵、退”税额，则：

当期应退税额 = 当期期末留抵税额

当期免抵税额 = 当期“免、抵、退”税额 − 当期应退税额

（2）当期期末留抵税额 > 当期“免、抵、退”税额，则：

当期应退税额 = 当期“免、抵、退”税额

当期免抵税额 = 0

当期期末留抵税额为当期增值税纳税申报表中“期末留抵税额”。

4. 当期免税购进原材料价格包括当期国内购进的无进项税额且不计提进项税额的免税原材料的价格和当期进料加工保税进口料件的价格，其中当期进料加工保税进口料件的价格为进料加工出口货物耗用的保税进口料件金额：

进料加工出口货物耗用的保税进口料件金额 = 进料加工出口货物人民币离岸价 × 进料加工计划分配率

计划分配率 = 计划进口总值 ÷ 计划出口总值 × 100%

计算不得免征和抵扣税额时，应按当期全部出口货物的销售额扣除当期全部进料加工出口货物耗用的保税进口料件金额后的余额乘以征退税率之差计算。

进料加工出口货物收齐有关凭证申报免抵退税时，以收齐凭证的进料加工出口货物人民币离岸价扣除其耗用的保税进口料件金额后的余额计算免抵退税额。

四、增值税纳税申报

（1）增值税纳税义务发生时间；

（2）增值税纳税期限；

（3）增值税纳税地点；

（4）填制纳税申报表及其附表办理纳税申报。

五、增值税发票的使用及管理

增值税一般纳税人发生应税销售行为，应使用增值税发票管理新系统（以下简称新系统）开具增值税专用发票、增值税普通发票、机动车销售统一发票、增值税电子普通发票。

（一）增值税专用发票

增值税专用发票由基本联次或者基本联次附加其他联次构成，基本联次为三联：发票联、抵扣联和记账联。开具范围如下：

1. 一般纳税人发生应税销售行为，应向购买方开具增值税专用发票。

2. 商业企业一般纳税人零售的烟、酒、食品、服装、鞋帽（不包括劳保专用部分）、化妆品等消费品不得开具增值税专用发票。

3. 增值税小规模纳税人需要开具增值税专用发票的，可向主管税务机关申请代开。

4. 销售免税货物不得开具增值税专用发票，法律、法规及国家税务总局另有规定的除外。

5. 纳税人发生应税销售行为，应当向索取增值税专用发票的购买方开具增值税专用发票，并在增值税专用发票上分别注明销售额和销项税额。属于下列情形之一的，不得开具增值税专用发票：

（1）应税销售行为的购买方为消费者个人的；

（2）发生应税销售行为适用免税规定的。

6. 扩大小规模纳税人自行开具增值税专用发票试点范围。

7. 小规模纳税人月销售额超过 10 万元的，使用增值税发票管理系统开具增值税普通发票、机动车销售统一发票、增值税电子普通发票。

（二）增值税普通发票

增值税普通发票，是将除商业零售以外的增值税一般纳税人纳入增值税防伪税控系统开具和管理，也就是说一般纳税人可以使用同一套增值税防伪税控系统开具增值税专用发票、增值税普通发票等，俗称“一机多票”。

职业判断能力训练

一、单项选择题

1. 下列各项中，属于不征增值税项目的是(　　)。
A. 提供演出服务
B. 提供金融服务
C. 用于公益事业无偿提供的航空运输服务
D. 提供旅游服务

2. 在境内销售服务，是指(　　)在境内。
A. 服务提供方　　B. 服务接受方
C. 服务销售方或者购买方　　D. 服务销售方和购买方

3. 以下属于研发和技术服务的是(　　)。
A. 环境设计服务　　B. 电路设计及测试服务
C. 知识产权服务　　D. 合同能源管理服务

4. 下列服务项目中不属于营改增鉴证咨询服务的是(　　)。
A. 认证服务　　B. 鉴证服务
C. 咨询服务　　D. 代理服务

5. 下列服务项目中不属于营改增信息技术服务的是(　　)。
A. 软件服务　　B. 技术开发服务
C. 信息系统服务　　D. 业务流程管理服务

6. 下列纳税人中，属于增值税一般纳税人的是(　　)。
A. 年销售额为60万元的从事货物生产的个体经营者
B. 年销售额为100万元的从事货物运输的个体经营者
C. 年销售额为500万元的从事货物生产的企业
D. 年销售额为100万元的从事货物批发零售的企业

7. 下列行业中不属于营改增应税服务的是(　　)。
A. 设计服务　　B. 加工修理修配
C. 广告代理公司的各项代理业务　　D. 图书的租赁服务

8. 下列各项中，应视同销售货物行为征收增值税的是(　　)。
A. 将委托加工的货物用于非应税项目
B. 将自产的货物用于换取生产资料

C. 某商场将外购的床单用于内部招待所

D. 将自产货物用于抵偿债务

9. 非正常损失是指(　　)和被执法部门依法没收或者强令自行销毁的货物。

A. 自然灾害造成的损失

B. 运输途中发生的损耗

C. 天气变化造成的损失

D. 因管理不善造成被盗、丢失、霉烂变质的损失

10. 甲企业（一般纳税人）销售给乙公司2 000套服装，每套不含税价格为200元，由于乙公司购买数量多，甲企业按原价的8折优惠销售（与销售业务开具了一张发票），并提供1/10，n/20的销售折扣。乙公司于10日内付款，则甲企业此项业务的销项税额为(　　)。

A. 41 600元　　B. 54 400元

C. 61 200元　　D. 68 000元

11. 根据增值税法律制度的有关规定，纳税人采取赊销方式销售货物的，其增值税纳税义务发生的时间为(　　)。

A. 发出货物的当天

B. 收到货物的当天

C. 按合同约定的收款日期的当天

D. 签订合同的当天

12. 下列项目中不应征收增值税的是(　　)。

A. 歌厅销售饮料的收入　　B. 招待所订购火车票的手续费

C. 存款利息收入　　D. 客轮的歌厅收入

13. 纳税人兼有不同税率或征收率的销售货物、提供应税劳务、销售服务无形资产或者不动产的，应当分别核算适用不同税率或者征收率的销售额；未分别核算的，(　　)。

A. 由主管税务机关核定税额　　B. 从高适用税率或征收率

C. 从低适用税率或征收率　　D. 按照组成计税方法计算

14. 下列不属于免税项目的是(　　)。

A. 药厂生产销售的避孕药具

B. 药店零售的避孕药具

C. 个体户进口供残疾人专用的物品

D. 新华书店代销的古旧图书

15. 某广告公司自2013年8月起纳入“营改增”试点范围，被认定为增值税小规模纳税人。2019年8月该公司发生销售额（不含税价）62万元，另因发生服务中止而退还给服务接收方销售额（不含税价）15万元，则该广告公司8月应纳增值税(　　)万元。

A. 1.41　　B. 1.46

C. 1.54　　D. 1.86

16. 纳税人发生视同销售服务的，其纳税义务发生时间为(　　)。

A. 开具发票的当天　　B. 服务完成的当天
C. 收讫销售款项的当天　　D. 取得索取销售款项凭据的当天

17. 增值税纳税地点规定中，非固定业户应当向(　　)主管税务机关申报纳税。
A. 机构所在地　　B. 居住地
C. 销售地或劳务和应税行为发生地　　D. 机构所在地或者居住地

18. 销售服务、无形资产或者不动产的年应征增值税销售额超过规定标准的纳税人为一般纳税人，目前该规定标准定义为(　　)万元。
A. 50　　B. 80
C. 180　　D. 500

19. 一般纳税人提供财政部和国家税务总局规定的特定货物、应税劳务、应税行为的，可以选择适用简易计税方法计税，但一经选择，(　　)内不得变更。
A. 6个月　　B. 1年
C. 24个月　　D. 3年

20. 一般纳税人从事物流辅助服务所适用的税率为(　　)。
A. 6%　　B. 3%
C. 9%　　D. 13%

二、多项选择题

1. 以下适用零税率的国际运输劳务包括(　　)。
A. 我国某船运公司将货物自我国运往南非
B. 我国某船运公司将货物自南非运往我国
C. 我国某船运公司将货物自英国运往南非
D. 英国某船运公司将货物自南非运往我国

2. 下列服务项目中，属于营改增范围的有(　　)。
A. 代理记账　　B. 房屋出租
C. 搬家服务　　D. 技术咨询服务

3. 下列业务中，属于增值税征税范围的有(　　)。
A. 邮政公司发行报纸　　B. 汽车公司修理汽车
C. 建筑公司修缮房屋　　D. 物业公司提供物业管理服务

4. 在中华人民共和国境内提供(　　)服务的单位和个人，为增值税纳税人。
A. 交通运输业　　B. 部分现代服务业
C. 旅游业　　D. 餐饮业

5. 下列哪些情形不属于在境内提供应税服务(　　)。
A. 境外单位或者个人向境内单位或者个人提供完全在境外发生的服务
B. 境外单位或者个人向境内单位或者个人出租完全在境内使用的有形动产
C. 境外单位或者个人向境内单位或者个人提供完全在境内发生的服务
D. 境外单位或者个人向境内单位或者个人出租完全在境外使用的有形动产

6. 有关“营改增”纳税人增值税税率，下列表述正确的有(　　)。
A. 提供有形动产租赁服务，税率为13%

B. 提供交通运输业服务，税率为9%
C. 提供现代服务业服务，税率为6%
D. 财政部和国家税务总局规定的应税服务，税率为零

7. 单位和个体工商户向其他单位或者个人无偿提供交通运输业和现代服务业服务，视同销售服务，但(　　)除外。
A. 为履行国家行政管理职能　　B. 以公益活动为目的
C. 以社会公众为对象的　　D. 为履行公共服务职能

8. 为应视同销售货物征收增值税的有(　　)。
A. 将外购的服装作为春节福利发给企业员工
B. 将委托加工收回的卷烟用于赠送客户
C. 将新研发的玩具交付某商场代为销售
D. 将外购的水泥用于本企业仓库的修建

9. 增值税的兼营行为包括(　　)。
A. 纳税人兼有不同税率的销售货物、提供加工修理修配劳务、服务、无形资产或者不动产
B. 纳税人兼有不同征收率的销售货物、提供加工修理修配劳务、服务、无形资产或者不动产
C. 纳税人兼有不同税率和征收率的销售货物、提供加工修理修配劳务、服务、无形资产或者不动产
D. 一项销售行为既涉及增值税应税货物又涉及服务

10. 属于增值税视同销售行为，应缴纳增值税的有(　　)。
A. 委托他人代销货物　　B. 将自产的货物分配给投资者
C. 将购买的货物对外投资　　D. 将购买的货物用于集体福利

11. 根据现行政策，下列项目适用9%税率的有(　　)。
A. 报社销售的报刊　　B. 燃气公司销售的天然气
C. 采矿企业销售的矿产品　　D. 果品公司批发水果

12. 下列各项中，不得从销项税额中抵扣进项税额的有(　　)。
A. 购进生产用燃料所支付的增值税税款
B. 不合格产品耗用材料所支付的增值税税款
C. 因管理不善被盗材料所支付的增值税税款
D. 购进办公楼装修材料所支付的增值税税款

13. 下列进项税额可以抵扣的有(　　)。
A. 某电梯厂购入材料用于生产电梯，该电梯用于销售
B. 某电梯厂购入材料用于生产电梯，该电梯用于本企业修建大楼
C. 某企业购入面粉，将其作为福利分发给本厂职工
D. 某企业购入材料，用于进行专利权的研发

14. 下列各项中，符合增值税专用发票开具时限规定的有(　　)。
A. 采用预收货款结算方式的，为收到货款的当天
B. 将货物交给他人代销的，为收到代销清单的当天

C. 采用赊销方式的，为合同约定的收款日期的当天

D. 将货物作为投资提供给其他单位的，为投资协议签订的当天

15. 增值税一般纳税人销售下列货物时，不得开具增值税专用发票的有(　　)。

A. 销售报关出口的货物　　B. 销售代销货物

C. 直接销售给使用单位的汽车　　D. 销售免税货物

16. 根据增值税法律制度的有关规定，增值税纳税人的下列行为中，应视销售货物行为征收增值税的有(　　)。

A. 将委托加工的货物分配给股东　　B. 将自产的货物用于个人消费

C. 销售代销货物　　D. 将购买的货物无偿赠送他人

17. 销售方在销售价格之外，向购买方收取的下列费用应并入销售额计征销项税额的有(　　)。

A. 收取的违约金　　B. 收取的手续费

C. 收取的单独记账核算的包装物押金　　D. 收取的包装物租金

18. 以下单位或者个人发生的行为，属于增值税的征收范围的有(　　)。

A. 进口固定资产设备　　B. 销售商品房

C. 零售杂货　　D. 生产销售电力

19. 单位和个人提供的下列劳务，应征增值税的有(　　)。

A. 汽车的修配业务　　B. 房屋的修理

C. 受托加工卷烟　　D. 服装厂提供缝纫加工

20. 下列属于增值税征税范围所指的货物的有(　　)。

A. 邮政部门销售的信封　　B. 房地产公司销售的普通标准住宅

C. 银行销售的金银　　D. 天然气

21. 下列进项税额不得从销项税额中抵扣的有(　　)。

A. 用于应税项目的进项税额

B. 用于免税项目的应税劳务的进项税额

C. 用于集体福利的购进货物的进项税额

D. 用于非正常损失的在产品所耗用的购进货物的进项税额

22. 个人提供应税服务的销售额未达到增值税起征点的，免征增值税，增值税起征点幅度如下：(　　)。

A. 按次纳税的，为每次（日）销售额300～500元（不含本数）

B. 按期纳税的，为每次（日）销售额300～500元（含本数）

C. 按次纳税的，为月应税销售额5 000～20 000元（不含本数）

D. 按期纳税的，为月应税销售额5 000～20 000元（含本数）

23. 关于增值税专用发票时限的规定，下列说法正确的有(　　)。

A. 采用预收货款、托收承付、委托银行收款结算方式的，为货物发出的当天

B. 采用交款提货结算方式的，为收到货款并将提货单交给买方的当天

C. 将货物交付他们代销，为收到受托人送交的代销清单的当天

D. 将货物对外投资或分配给投资者，为货物移送的当天

三、判断题

1. 文化创意服务包括设计服务、商标所有权转让服务、知识产权服务、广告服务和会议展览服务。 ( )

2. 增值税一般纳税人将自产的货物无偿赠送他人，不征收增值税。 ( )

3. 增值税 3% 的征收率，仅适用于小规模纳税人，不适用于一般纳税人。 ( )

4. 按照增值税税法有关规定，销售折扣可以从销售额中减除。 ( )

5. 计算增值税应纳税额时准予计算进项税额抵扣的货物运费金额是指在运输单位为货主开具的发票上注明的运费和政府收取的建设基金。 ( )

6. 已抵扣进项税额的购进货物，如果作为集体福利发放给职工个人的，发放时应视同销售计算增值税的销项税额。 ( )

7. 某企业的销售行为既涉及货物又涉及服务，该企业的销售行为视同销售行为。 ( )

8. 增值税一般纳税人取得的 2017 年 7 月 1 日及以后开具的海关进口增值税专用缴款书，应自开具之日起 90 日内向主管国税机关报送《海关完税凭证抵扣清单》，申请稽核比对。 ( )

9. 纳税人将自产、委托加工或购买的货物用于实物折扣，属于折扣销售的一种形式，折扣的实物款额只要与销售额同开在一张发票上，可从销售额中扣除。 ( )

10. 增值税一般纳税人销售货物从购买方收取的价外费用，在征税时，应视为含税收入，计算税额时应换算为不含税收入。 ( )

四、计算题

1. 某企业是增值税一般纳税人，2019 年 6 月有关生产经营业务如下：

（1）销售机器一批，开出增值税专用发票中注明销售额为 10 000 元，税额为 1 300 元，另开出一张普通发票，收取包装费 226 元。

（2）销售三批同一规格、质量的货物，每批各 2 000 件，不含增值税销售价分别为每件 200 元、180 元和 60 元。经税务机关认定，第三批销售价格每件 60 元明显偏低且无正当理由。

（3）将自产的一批新产品 3A 牌外套 300 件作为福利发给本企业的职工。已知 3A 牌外套尚未投放市场，没有同类外套销售价格；每件外套成本 600 元。

要求：计算该企业当月销项税额。

2. 某企业为增值税一般纳税人，在 2019 年 7 月份发生如下经济业务：

（1）采购生产材料聚乙烯，取得的专用发票注明价款为 100 万元，增值税额为 13 万元。

（2）购买钢材用于基建工程，取得的专用发票注明价款为 30 万元，增值税额为 3.9 万元。

（3）支付运输单位运费，取得运输企业增值税专用发票注明运费 18 万元，装卸费 2 万元，保险费 2 万元。

（4）从废旧物资收购单位购进废旧钢材，取得的由税务局监制的普通发票上注明的金额为20万元。

（5）购进的洗涤用品一批，取得的专用发票注明价款为1万元，增值税额为0.13万元，该批产品用于给企业职工发放福利。

要求：计算该企业当期进项税额。

3. 某电子企业为增值税一般纳税人，2019年8月发生下列经济业务：

（1）采取直接收款方式销售自产A产品50台，不含税单价8 000元。货款收到后，向购买方开具了增值税专用发票，并将提货单交给了购买方。截至月底，购买方尚未提货。

（2）将20台新试制的B产品分配给投资者，单位成本为6 000元。该产品尚未投放市场，无同类产品的销售价格。

（3）装饰本企业办公楼领用甲材料1 000公斤，每公斤成本为50元。

（4）改、扩建单位幼儿园领用甲材料200公斤，每公斤成本为50元，同时领用自产的A产品5台。

（5）当月因管理不善丢失库存乙材料800公斤，每公斤成本为20元，作待处理财产损溢处理。

（6）当月购进货物取得的增值税专用发票上注明的增值税税额共计70 000元。

其他相关资料：甲材料、乙材料均系上月外购取得并已抵扣进项税额；购销货物适用的增值税税率均为13%；税务局核定的B产品成本利润率为10%；本月取得的相关票据符合税法规定并在本月认证通过并抵扣；上述题干中给出的成本均不含增值税。

要求：

（1）计算当月销项税额；

（2）计算当月可抵扣的进项税额；

（3）计算当月应缴纳的增值税税额。

4. A公司和B公司均是增值税一般纳税人，A公司2019年6月有关增值税计税资料如下：向B公司出售一套机器设备，同时提供技术支持服务。其中，设备价款（不含税）1 200万元，专有技术服务收费424万元。生产该设备所用原材料、零部件的购入价（不含税）600万元，取得增值税专用发票。

要求：计算A公司当月应缴纳的增值税税额。

5. 某商业企业为增值税一般纳税人，2019年9月外购货物50万元，增值税专用发票注明税款为6.5万元，当月销售货物40万元。4月外购货物20万元，增值税专用发票注明税款2.6万元，当月销售货物70万元，销售货物均适用13%的增值税率。

要求：计算该商业企业2019年9月应纳增值税额。

6. 某商业企业为增值税一般纳税人，2019年5月发生如下购销业务：

（1）采购原料乙烯，取得增值税专用发票注明价款为100万元，增值税额为13万元，货物已验收入库，支付运费2万元、装卸费1 500元，取得运输企业增值税专用发票，增值税额0.18万元。

（2）购进电脑10台，每台1.2万元，取得专用发票，电脑已经到货使用。

（3）销售塑料编织袋，开具增值税专用发票注明价款为40万元，增值税额为5.2万元。

（4）销售民用塑料制品给小规模纳税人，开具普通发票注明价款28万元。

要求：计算该企业当期销项税额、当期进项税额、当期应纳增值税额。

7. 某商店为增值税小规模纳税人，2019年9月销售商品，取得含税收入5.15万元；将外购的一批商品无偿捐赠给某慈善机构，该批商品的含税价格为1.03万元；购进商品支付货款（含增值税）2.06万元。

要求：计算该商店当月应纳增值税税额。

8. 某工业企业（增值税一般纳税人），2019年7月份购销业务情况如下：

（1）购进生产原料一批，已验收入库，取得的增值税专用发票上注明的价、税款分别为23万元、2.99万元。

（2）购进钢材20吨，已验收入库，取得的增值税专用发票上注明价、税款分别为8万元、1.04万元。

（3）直接向农民收购用于生产加工的农产品一批，经税务机关批准的收购凭证上注明价款为42万元。

（4）销售产品一批，货已发出并办妥银行托收手续，但货款未到，向买方开具专用发票注明销售额42万元。

（5）将本月外购20吨钢材及库存的同价钢材20吨移送本企业修建产品仓库工程使用。

（6）期初留抵进项税额0.5万元。

要求：计算该企业当期应纳增值税额或期末留抵进项税额。

9. 某进出口公司为一般纳税人，2019年8月份进口一批货物，海关审定关税完税价格为700万元（人民币），该货物关税税率为10%，增值税税率为13%。该公司1月内销货物销售额为1 800万元（不含税），适用税率为13%。

要求：计算该企业2019年8月份进口环节应纳增值税税额、内销环节应纳增值税税额。

10. 某有进出口经营权的生产企业，2019年8月份，内销货物销售额为600万元，出口货物销售额（离岸价）180万美元（外汇人民币牌价1∶8.3），当月购进所需原材料等货物的进项税额为500万元，取得增值税专用发票，支付进货运费10万元，取得普通发票。当月进料加工免税进口料件的到岸价为100万元，海关征收的关税为10万元，消费税为12万元。该企业销售货物适用税率为17%，退税率为9%，并且有上期未抵扣完的进项税额32万元。

要求：计算当期应纳或应退的增值税额。

11. 某律师事务所安排两名律师参加某企业家沙龙，免费提供资产重组相关业务法律咨询服务4小时。3月5日，该律师事务所安排三名律师参加“学雷锋”日活动，在市民广场进行免费法律咨询服务3小时。（该律师事务所民事业务咨询服务价格为每人800元/小时）

要求：计算3月5日应缴纳的增值税。

12. 某试点地区纳税人提供应税服务的起征点为20 000元，某个体工商户（小规模纳税人）本月取得交通运输服务收入20 001元（含税）。

要求：计算该个体工商户本月应缴纳多少增值税？

13. 某商业企业为增值税一般纳税人，2019年8月发生下列经济业务：

（1）因购进商品质量有问题，退回上月从A企业购进的货物40件，每件不含税价500元。商业企业取得了税务机关开具的进货退出证明单，退货手续符合规定。

（2）销售给B企业货物一批，不含税价为260 000元，合同约定的折扣条件为“5/10，2/20，n/30”。B企业于提货后9天全部付清货款。该企业以自有汽车运送上述货物，同时向购买方收取运费2 000元。

（3）企业促销开办以旧换新业务，回收旧电视机50台，原价每台3 000元，换出新电视机售价为2 500元（含税价）。

已知商业企业当月允许抵扣的进项税额为100 000元，除上述业务外还销售商品取得收入2 260 000元（含税价）。

要求：计算商业企业当期应缴纳的增值税税额。

14. 位于县城的某白酒生产企业为增值税一般纳税人，2019年8月生产经营业务如下：

（1）进口仪器设备一台，国外买价64 000元，运抵我国入关前支付的运费4 200元，保险费3 800元，入关后运抵企业所在地，取得运输公司开具的增值税专用发票注明运费1 600元，税额144元。

（2）外购食用酒精100吨，每吨不含税价8 000元，取得增值税发票上注明的金额800 000元，税额104 000元。取得的运输业增值税专用发票上注明运费金额50 000元，税额4 500元，取得的增值税专用发票上注明装卸费30 000元，税额1 800元。

（3）销售粮食白酒60吨给某专卖店，每吨销售价格26 000元，增值税销项税额3 380元，共计应收含税销售额1 762 800元，由于专卖店提前支付价款，企业给予专卖店3%的销售折扣，实际收款1 709 916元，另外，取得运输公司开具的增值税专用发票，注明运费120 000元，税额10 800元。

（4）销售和业务（3）同品牌粮食白酒50吨给独立核算的全资子公司（销售公司），每吨售价20 000元，开具增值税专用发票取得销售额共计1 000 000元，税额130 000元。

（5）直接零售给消费者个人薯类白酒25吨，每吨售价33 462元，并开具普通发票，共计取得含税销售额836 550元。

（6）月末盘存时发现，由于管理不善当月购进的酒精被盗2.5吨，经主管税务机关确认作为损失转营业外支出处理。

（其他相关资料：关税税率12%，上述业务涉及的相关票据均已通过主管税务机关比对认证）

要求：计算该企业8月应缴纳的增值税。

职业实践能力训练

一、训练目标

1. 能够正确计算增值税应纳税额。
2. 能够填制增值税纳税申报表，办理纳税申报。

二、工作任务

1. 根据提供的2019年8月的业务资料，计算该企业当月应缴增值税额。
2. 填写2019年8月增值税纳税申报表（见表2－1至表2－6）。

三、实训材料

某电子商城2019年8月份发生以下业务：

（1）销售上月购入的音响300台（不含税进价5 000元/台），每台不含税售价5 500元，并实行买一赠一件小家电，赠送的小家电价值100元/台；

（2）按进价卖给内部职工40台音响；

（3）以旧换新销售给消费者个人计算机50台，旧计算机收购价1 000元/台，新计算机出售实际收取价款4 850元/台；

（4）用100台音响，换取计算机100台，该计算机每台不含税市场价格4 000元，收到对方开具的普通发票，差价以银行存款结清。

（5）从生产厂家购进同牌产品、型号计算机80台及主板等散件一批，共计不含税价800 000元，由于商场资金周转一时困难，只先付了计算机价款及50%散件价款，其余货款暂欠。生产厂家开出了80台计算机及主板等散件的两张防伪税控系统开具的增值税专用发票，注明税金分别为52 000元和52 000元；

（6）月底，有4台售出的音响因质量问题，顾客要求退货。商场退给厂家，并提供了税务机关开具的退货证明单，收回红字专用发票上注明退货款及税金共22 600元。

表 2－1

增值税纳税申报表

（一般纳税人适用）

根据国家税收法律法规及增值税相关规定制定本表。纳税人不论有无销售额，均应按税务机关核定的纳税期限填写本表，并向当地税务机关申报。

税款所属时间：自　年　月　日至　年　月　日　　填表日期：　年　月　日　　金额单位：元至角分

纳税人识别号			所属行业：			
纳税人名称	（公章）	法定代表人姓名		注册地址		生产经营地址
开户银行及账号		登记注册类型			电话号码	

项　目		栏次	一般项目		即征即退项目	
			本月数	本年累计	本月数	本年累计
销售额	（一）按适用税率计税销售额	1				
	其中：应税货物销售额	2				
	应税劳务销售额	3				
	纳税检查调整的销售额	4				
	（二）按简易办法计税销售额	5				
	其中：纳税检查调整的销售额	6				
	（三）免、抵、退办法出口销售额	7			—	—
	（四）免税销售额	8			—	—
	其中：免税货物销售额	9			—	—
	免税劳务销售额	10			—	—
税款计算	销项税额	11				
	进项税额	12				
	上期留抵税额	13				—
	进项税额转出	14				
	免、抵、退应退税额	15			—	—
	按适用税率计算的纳税检查应补缴税额	16			—	—
	应抵扣税额合计	17＝12＋13－14－15＋16		—		—
	实际抵扣税额	18（如17＜11，则为17，否则为11）				
	应纳税额	19＝11－18				
	期末留抵税额	20＝17－18				—
	简易计税办法计算的应纳税额	21				
	按简易计税办法计算的纳税检查应补缴税额	22			—	—
	应纳税额减征额	23				
	应纳税额合计	24＝19＋21－23				

续表

项目		栏次	一般项目		即征即退项目	
			本月数	本年累计	本月数	本年累计
税款缴纳	期初未缴税额（多缴为负数）	25				
	实收出口开具专用缴款书退税额	26			—	—
	本期已缴税额	27 = 28 + 29 + 30 + 31				
	①分次预缴税额	28		—		—
	②出口开具专用缴款书预缴税额	29		—	—	—
	③本期缴纳上期应纳税额	30				
	④本期缴纳欠缴税额	31				
	期末未缴税额（多缴为负数）	32 = 24 + 25 + 26 - 27				
	其中：欠缴税额（≥0）	33 = 25 + 26 - 27		—		—
	本期应补（退）税额	34 = 24 - 28 - 29		—		—
	即征即退实际退税额	35	—	—		
	期初未缴查补税额	36			—	—
	本期入库查补税额	37			—	—
	期末未缴查补税额	38 = 16 + 22 + 36 - 37			—	—

授权声明	如果你已委托代理人申报，请填写下列资料： 为代理一切税务事宜，现授权 （地址） 为本纳税人的代理申报人，任何与本申报表有关的往来文件，都可寄予此人。 授权人签字：	申报人声明	本纳税申报表是根据国家税收法律法规及相关规定填报的，我确定它是真实的、可靠的、完整的。 声明人签字：

主管税务机关： 接收人： 接收日期：

表 2－2

增值税纳税申报表附列资料（一）

（本期销售情况明细）

税款所属时间：　年　月　日至　年　月　日

纳税人名称：（公章）　　　　金额单位：元至角分

项目及栏次				开具增值税专用发票		开具其他发票		未开具发票		纳税检查调整		合计			服务、不动产和无形资产扣除项目本期实际扣除金额	扣除后	
				销售额	销项（应纳）税额	销售额	销项（应纳）税额	销售额	销项（应纳）税额	销售额	销项（应纳）税额	销售额	销项（应纳）税额	价税合计		含税（免税）销售额	销项（应纳）税额
				1	2	3	4	5	6	7	8	9＝1＋3＋5＋7	10＝2＋4＋6＋8	11＝9＋10	12	13＝11－12	14＝13÷（100%＋税率或征收率）×税率或征收率
一、一般计税方法计税	全部征税项目	13%税率的货物及加工修理修配劳务	1											—	—	—	—
		13%税率的服务、不动产和无形资产	2														
		9%税率的货物及加工修理修配劳务	3											—	—	—	—
		9%税率的服务、不动产和无形资产	4														
		6%税率	5														
	其中：即征即退项目	即征即退货物及加工修理修配劳务	6	—	—	—	—	—	—	—	—			—	—	—	—
		即征即退服务、不动产和无形资产	7	—	—	—	—	—	—	—	—						
二、简易计税方法计税	全部征税项目	6%征收率	8							—	—			—	—	—	—
		5%征收率的货物及加工修理修配劳务	9a							—	—			—	—	—	—
		5%征收率的服务、不动产和无形资产	9b							—	—						
		4%征收率	10							—	—			—	—	—	—
		3%征收率的货物及加工修理修配劳务	11							—	—			—	—	—	—
		3%征收率的服务、不动产和无形资产	12							—	—						
		预征率　%	13a							—	—						
		预征率　%	13b							—	—						
		预征率　%	13c							—	—						
	其中：即征即退项目	即征即退货物及加工修理修配劳务	14	—	—	—	—	—	—	—	—			—	—	—	—
		即征即退服务、不动产和无形资产	15	—	—	—	—	—	—	—	—						
三、免抵退税	货物及加工修理修配劳务		16	—	—		—		—	—	—		—	—	—	—	—
	服务、不动产和无形资产		17	—	—		—		—	—	—		—				—
四、免税	货物及加工修理修配劳务		18				—		—	—	—		—	—	—	—	—
	服务、不动产和无形资产		19	—	—		—		—	—	—		—				—

表 2－3

增值税纳税申报表附列资料（二）

（本期进项税额明细）

税款所属时间： 年 月 日至 年 月 日

纳税人名称：（公章） 金额单位：元至角分

一、申报抵扣的进项税额				
项　　目	栏次	份数	金额	税额
（一）认证相符的增值税专用发票	1＝2＋3			
其中：本期认证相符且本期申报抵扣	2			
前期认证相符且本期申报抵扣	3			
（二）其他扣税凭证	4＝5＋6＋7＋8a＋8b			
其中：海关进口增值税专用缴款书	5			
农产品收购发票或者销售发票	6			
代扣代缴税收缴款凭证	7		—	
加计扣除农产品进项税额	8a	—	—	
其他	8b			
（三）本期用于购建不动产的扣税凭证	9			
（四）本期用于抵扣的旅客运输服务扣税凭证	10	—	—	
（五）外贸企业进项税额抵扣证明	11	—	—	
当期申报抵扣进项税额合计	12＝1＋4＋11			
二、进项税额转出额				
项　　目	栏次	税额		
本期进项税额转出额	13＝14至23之和			
其中：免税项目用	14			
集体福利、个人消费	15			
非正常损失	16			
简易计税方法征税项目用	17			
免抵退税办法不得抵扣的进项税额	18			
纳税检查调减进项税额	19			
红字专用发票信息表注明的进项税额	20			
上期留抵税额抵减欠税	21			
上期留抵税额退税	22			
其他应作进项税额转出的情形	23			
三、待抵扣进项税额				
项　　目	栏次	份数	金额	税额
（一）认证相符的增值税专用发票	24	—	—	—
期初已认证相符但未申报抵扣	25			
本期认证相符且本期未申报抵扣	26			
期末已认证相符但未申报抵扣	27			
其中：按照税法规定不允许抵扣	28			
（二）其他扣税凭证	29＝30至33之和			
其中：海关进口增值税专用缴款书	30			
农产品收购发票或者销售发票	31			
代扣代缴税收缴款凭证	32		—	
其他	33			
	34			
四、其他				
项　　目	栏次	份数	金额	税额
本期认证相符的增值税专用发票	35			
代扣代缴税额	36	—	—	

表 2－4 **增值税纳税申报表附列资料（三）**

（服务、不动产和无形资产扣除项目明细）

税款所属时间：　年　月　日至　年　月　日

纳税人名称：（公章）　　　　金额单位：元至角分

项目及栏次		本期服务、不动产和无形资产价税合计额（免税销售额）	服务、不动产和无形资产扣除项目				
			期初余额	本期发生额	本期应扣除金额	本期实际扣除金额	期末余额
		1	2	3	4＝2＋3	5（5≤1且5≤4）	6＝4－5
13%税率的项目	1						
9%税率的项目	2						
6%税率的项目（不含金融商品转让）	3						
6%税率的金融商品转让项目	4						
5%征收率的项目	5						
3%征收率的项目	6						
免抵退税的项目	7						
免税的项目	8						

表 2－5 **增值税纳税申报表附列资料（四）**

（税额抵减情况表）

税款所属时间：　年　月　日至　年　月　日

纳税人名称：（公章）　　　　金额单位：元至角分

一、税额抵减情况

序号	抵减项目	期初余额	本期发生额	本期应抵减税额	本期实际抵减税额	期末余额
		1	2	3＝1＋2	4≤3	5＝3－4
1	增值税税控系统专用设备费及技术维护费					
2	分支机构预征缴纳税款					
3	建筑服务预征缴纳税款					
4	销售不动产预征缴纳税款					
5	出租不动产预征缴纳税款					

二、加计抵减情况

序号	加计抵减项目	期初余额	本期发生额	本期调减额	本期可抵减额	本期实际抵减额	期末余额
		1	2	3	4＝1＋2－3	5	6＝4－5
6	一般项目加计抵减额计算						
7	即征即退项目加计抵减额计算						
8	合计						

表 2－6　　　　增值税减免税申报明细表

纳税人名称（公章）：　　　　税款所属时间：自　年　月　日至　年　月　日　　　　金额单位：元至角分

一、减税项目						
减税性质代码及名称	栏次	期初余额	本期发生额	本期应抵减税额	本期实际抵减税额	期末余额
		1	2	3＝1＋2	4≤3	5＝3－4
合计	1					
	2					
	3					
	4					
	5					
	6					
二、免税项目						
名税性质代码及名称	栏次	免征增值税项目销售额	免税销售额扣除项目本期实际扣除金额	扣除后免税销售额	免税销售额对应的进项税额	免税额
		1	2	3＝1－2	4	5
合计	7					
出口免税	8					
其中：跨境服务	9					
	10					
	11					
	12					
	13					
	14					
	15					
	16					

3 项目三 消费税计算与申报

知识回顾

一、相关概念

1. 消费税

消费税是对在我国境内从事生产、委托加工和进口应税消费品的单位和个人，就其应税消费品的销售额或销售数量，在特定环节征收的一种税。

2. 消费税纳税人

消费税的纳税人是指在我国境内生产、委托加工、进口应税消费品的单位和个人。

二、消费税计税依据的确定

（一）生产应税消费品

（1）纳税人生产的应税消费品，对外销售的，在销售时纳税。

（2）纳税人自产自用的应税消费品，用于连续生产应税消费品的，不纳税；纳税人自产自用的应税消费品用于换取生产资料、消费资料、馈赠、赞助、集资、广告、样品、职工福利、奖励、生产非应税消费品等其他方面的，视同销售，在移送使用时纳税。

（二）委托加工应税消费品

（1）委托方将收回的应税消费品，以不高于受托方的计税价格出售的，为直接出售，不再缴纳消费税；委托方以高于受托方的计税价格出售的，不属于直接出售，需按照规定申报缴纳消费税，在计税时准予扣除受托方已代收代缴的消费税。

（2）委托个人加工的应税消费品，由委托方向其机构所在地或者居住地主管税务机关申报纳税。

（三）进口应税消费品

进口应税消费品，应缴纳进口消费税。为了减少征税成本，进口环节缴纳的消费税由海关代征。

（四）特殊规定

1. 零售环节

金银首饰、钻石及钻石饰品、铂金首饰的消费税在零售环节纳税。

2. 批发环节

自2009年5月1日起，在卷烟的“批发环节”加征一道从价计征的消费税。自2015年5月10日起，卷烟批发环节从价税税率由5%提高至11%，并按0.005元/支加征从量税，这是我国继2009年5月之后时隔6年再度调整烟草消费税。

三、应纳消费税税额的计算

（一）消费税计税依据的确定

1. 实行从量定额计征办法计税依据的确定

从量定额通常以每单位应税消费品的重量、容积或数量为计税依据，并按每单位应税消费品规定固定税额，这种固定税额即为定额税率。

2. 实行从价定率计征办法计税依据的确定

实行从价定率办法征税的应税消费品，计税依据为应税消费品的销售额。由于消费税和增值税实行交叉征收，消费税实行价内税，增值税实行价外税。这种情况决定了实行从价定率征收的消费品，其消费税税基和增值税税基是一致的，即都是以含消费税而不含增值税的销售额作为计税基数。

3. 实行复合计税办法计税依据的确定

卷烟、粮食白酒、薯类白酒实行复合计税办法需要分别确定销售额和销售数量。

（二）应纳消费税税额的计算

1. 自产自用应税消费品应纳税额的计算

（1）有同类消费品的销售价格的。按照纳税人生产的同类消费品销售价格计算纳税。其应纳税额计算公式为：

应纳税额 = 同类消费品销售单价 × 自产自用数量 × 适用税率

（2）没有同类消费品销售价格的。

①实行从价定率办法计算纳税的组成计税价格的计算公式是：

组成计税价格 =（成本 + 利润）÷（1 - 消费税税率）

= 成本 ×（1 + 成本利润率）÷（1 - 消费税税率）

应纳税额 = 组成计税价格 × 比例税率

②实行复合计税办法计算纳税的组成计税价格的计算公式是：

组成计税价格 =（成本 + 利润 + 自产自用数量 × 定额税率）÷（1 - 比例税率）

应纳税额 = 组成计税价格 × 比例税率 + 自产自用数量 × 定额税率

2. 委托加工应税消费品应纳税额的计算

（1）委托加工应税消费品组成计税价格的计算。根据《消费税暂行条例》的规定，委托加工的应税消费品，按照受托方的同类消费品的销售价格计算纳税；没有同类消费品销售价格的，按照组成计税价格计算纳税。有同类消费品销售价格的，其应纳税额的计算公式为：

应纳税额 = 同类消费品销售单价 × 委托加工数量 × 适用税率

没有同类消费品销售价格的按组成计税价格计税。计算公式为：

（2）实行从价定率计税办法计算纳税的组成计税价格计算公式：

组成计税价格 =（材料成本 + 加工费）÷（1 − 比例税率）

应纳税额 = 组成计税价格 × 适用税率

（3）实行复合计税办法计算纳税的组成计税价格计算公式：

组成计税价格 =（材料成本 + 加工费 + 委托加工数量 × 定额税率）÷（1 − 比例税率）

应纳税额 = 组成计税价格 × 比例税率 + 委托加工数量 × 定额税率

3. 进口应税消费品应纳税额的计算

（1）实行从价定率办法计算应纳税额的，计算公式为：

组成计税价格 =（关税完税价格 + 关税）÷（1 − 消费税比例税率）

应纳税额 = 组成计税价格 × 适用税率

（2）实行从量定额办法计算应纳税额的，计算公式为：

应纳税额 = 应税消费品数量 × 消费税单位税额

（3）实行复合计税办法计算应纳税额的，计算公式为：

组成计税价格 =（关税完税价格 + 关税 + 进口数量 × 消费税定额税率）÷（1 − 消费税比例税率）

应纳税额 = 组成计税价格 × 比例税率 + 进口数量 × 定额税率

（三）消费税纳税申报

（1）确定纳税义务发生的时间。

（2）确定纳税地点。

（3）确定纳税期限。

四、出口应税消费品退（免）税的计算

（1）属于从价定率计征消费税的应税消费品，应依照外贸企业从工厂购进货物时征收消费税的价格计算应退消费税税款。其公式为：

应退消费税额 = 出口货物的工厂销售额 × 税率

（2）属于从量定额计征消费税的应税消费品，应依货物购进和报关出口的数量计算应退消费税税款。其公式为：

应退消费税额 = 出口数量 × 单位税额

职业判断能力训练

一、单项选择题

1. 下列消费品中，实行从量征收的是( )。

A. 黄酒　　B. 酒精

C. 小汽车　　D. 高尔夫球

2. 下列各项中，不属于消费税纳税义务人的是( )。

A. 化妆品进口商　　B. 鞭炮批发商

C. 钻石零售商　　D. 卷烟生产商

3. 委托加工应税消费品是指( )。

A. 由受托方以委托方名义购进原材料生产的产品

B. 由受托方提供原材料生产的产品

C. 由受托方将原材料卖给委托方，然后再接受加工的产品

D. 由委托方提供原材料和主要材料，受托方只收取加工费和代垫部分辅助材料加工的产品

4. 纳税人用外购应税消费品连续生产应税消费品，在计算纳税时，其外购应税消费品的已纳消费税税款应按下列办法处理( )。

A. 该已纳税款当期可以全部扣除

B. 该已纳税款当期可扣除 50%

C. 可对外购应税消费品当期领用部分的已纳税款予以扣除

D. 该已纳税款当期不得扣除

5. 自产自用应税消费品计算消费税时，若没有同类应税消费品销售价格的，适用比例税率的，其组成计税价格为( )。

A. (成本 + 利润) ÷ (1 - 消费税税率)

B. (成本 + 利润) ÷ (1 + 消费税税率)

C. (成本 + 利润) ÷ (1 - 增值税税率或征收率)

D. (成本 + 利润) ÷ (1 + 增值税税率或征收率)

6. 纳税人委托加工应税消费品，由受托方代收代缴税款，以下哪种情况可以由委托方回原地纳税( )。

A. 委托国有企业加工应税消费品

B. 委托私营企业加工应税消费品

C. 委托外商投资企业加工应税消费品

D. 委托个体经营者加工应税消费品

7. 我国消费税共列举(　　)个税目。

A. 8　　B. 9

C. 11　　D. 15

8. 下列消费品中，征收消费税的是（　　）。

A. 茶叶　　B. 白酒

C. 高档住宅　　D. 电视机

9. 下列选项中应当缴纳消费税的是(　　)。

A. 商店零售化妆品　　B. 进口金银首饰

C. 非独立核算门市部销售白酒　　D. 个人销售使用过的电动自行车

10. 酒厂本月销售自制粮食白酒100吨，取得不含税价款25万元，应缴纳的消费税为(　　)万元。

A. 5　　B. 16.25

C. 10　　D. 15

11. 纳税人自产自用应税消费品，用于连续生产应税消费品的(　　)。

A. 不纳税　　B. 按组成计税价格纳税

C. 于移送使用时纳税　　D. 视同销售纳税

12. 纳税人销售应税消费品向购买方收取的下列税金、价外费用中，不应并入应税消费品销售额的是(　　)。

A. 向购买方收取的手续费　　B. 向购买方收取的价外基金

C. 向购买方收取的增值税税款　　D. 向购买方收取的消费税税款

13. 下列说法中，正确的是(　　)。

A. 应税消费品的包装物逾期押金不征消费税

B. 应税消费品连同包装物出售的，包装物收入部分只征收增值税，不征消费税

C. 自产自用的应税消费品免征消费税

D. 纳税人将不同税率的应税消费品组成成套消费品销售的，从高适用税率征收消费税

14. 天华公司为增值税一般纳税人，2019年5月销售高档化妆品一批，取得含税价款210 000元，另收取包装费16 000元，该公司应纳消费税(　　)元。

A. 60 000　　B. 70 200

C. 58 974　　D. 18 000

15. 适用比例税率的委托加工应税消费品，其组成计税价格为(　　)。

A. （材料成本＋加工费）÷(1－消费税税率)

B. （材料成本＋利润）÷(1－消费税税率)

C. （材料成本＋加工费）÷(1＋消费税税率)

D. （材料成本＋利润）÷(1＋消费税税率)

16. 适用比例税率的进口应税消费品，其组成计税价格为(　　)。

A. （关税完税价格＋关税）÷(1－消费税税率)

B. （关税完税价格＋关税）÷(1＋消费税税率)

C. （关税完税价格＋关税）×消费税税率

D. （关税完税价格－关税）÷(1－消费税税率)

17. 甲酒厂为增值税一般纳税人，2019 年 5 月销售果木酒，取得不含增值税销售额 10 万元，同时收取包装费 0.565 万元、优质费 2.26 万元。已知果木酒消费税税率为 10%，增值税税率为 13%。应缴纳消费税税额的计算正确的是(　　)。

A. (10 + 0.565 + 2.26) × 10% = 1.2825（万元）

B. (10 + 0.565) × 10% = 1.0565（万元）

C. [10 + (0.565 + 2.26) ÷ (1 + 13%)] × 10% = 1.25（万元）

D. [10 + 0.565 ÷ (1 + 13%)] × 10% = 1.05（万元）

18. 某高尔夫球具厂为增值税一般纳税人，下设一非独立核算的门市部。2019 年 4 月该厂将生产的一批成本价为 70 万元的高尔夫球具移送门市部，门市部将其中的 80% 零售，取得含税销售额 77.22 万元。已知高尔夫球具的消费税税率为 10%，成本利润率为 10%，该项业务应缴纳消费税(　　)。

A. 5.13 万元　　B. 6 万元

C. 6.60 万元　　D. 7.72 万元

19. 甲摩托厂为增值税一般纳税人，下设非独立核算门市部。2019 年 5 月将生产的摩托车一批移交门市部零售，门市部取得含税销售额 113 万元，该批摩托车的出库价为 90 万元。摩托车适用的增值税税率为 13%，消费税税率为 3%。应纳消费税税额计算正确的是(　　)。

A. 90 × 3% = 2.7（万元）

B. 113 × 3% = 3.39（万元）

C. 113 ÷ (1 + 13%) × 3% = 3（万元）

D. 113 ÷ (1 + 13%) ÷ (1 − 3%) × 3% = 3.09（万元）

20. 企业发生的下列经营行为中，外购应税消费品已纳消费税税额准予从应纳消费税税额中抵扣的是(　　)。

A. 以外购已税酒精为原料生产白酒

B. 以外购已税烟丝为原料生产卷烟

C. 以外购已税汽油为原料生产润滑油

D. 以外购已税汽车轮胎为原料生产应税小汽车

21. 纳税人采取委托收款结算方式销售应税消费品，其纳税义务发生时间为(　　)。

A. 发出应税消费品并办妥托收手续的当天

B. 销售合同约定的收款日期的当天

C. 办妥托收手续的当天

D. 取得销售款的凭证的当天

22. 纳税人进口应税消费品，应当自海关填发税款缴纳证的次日起(　　)内缴纳税款。

A. 3 日　　B. 7 日

C. 10 日　　D. 15 日

23. 消费税纳税人以一个月为一期纳税的，自期满之日起(　　)内申报纳税。

A. 3 日　　B. 5 日

C. 10 日　　D. 15 日

二、多项选择题

1. 下列说法正确的有(　　)。

A. 凡是征收增值税的货物都征收消费税

B. 凡是征收消费税的货物都征税增值税

C. 应税消费品征收增值税，其税基含有消费税

D. 应税消费品征收消费税，其税基含有增值税

2. 下列消费品中，征收消费税的有(　　)。

A. 实木复合地板　　B. 电动汽车

C. 高尔夫球杆　　D. 电池

3. 下列属于消费税纳税义务人的有(　　)。

A. 钻石的进口商　　B. 化妆品的生产商

C. 卷烟的批发商　　D. 金首饰的零售商

4. 下列环节中，既征收增值税又征收消费税的有(　　)。

A. 从国外进口数码相机　　B. 从国外进口小汽车

C. 批发环节销售的卷烟　　D. 批发环节销售的白酒

5. 下列关于消费税征收范围的表述中，正确的有(　　)。

A. 纳税人自产自用的应税消费品，用于连续生产应税消费品的，不缴纳消费税

B. 纳税人将自产自用的应税消费品用于馈赠、赞助的，缴纳消费税

C. 委托加工的应税消费品，受托方在交货时已代收代缴消费税，委托方收回后直接销售的，再缴纳一道消费税

D. 卷烟在生产和批发两个环节均征收消费税

6. 我国消费税分别采用(　　)的计征方法。

A. 从价定率　　B. 从量定额

C. 从价定额　　D. 从量定额和从价定率相结合

7. 下列应税消费品中，应采用从量计征消费税的有(　　)。

A. 高档手表　　B. 柴油

C. 啤酒　　D. 白酒

8. 下列消费品中，实行从量定额与从价定率相结合的复合计征办法征收消费税的有(　　)。

A. 卷烟　　B. 成品油

C. 白酒　　D. 小汽车

9. 下列货物征收消费税的有(　　)。

A. 葡萄酒　　B. 涂料

C. 保健食品　　D. 金银首饰

10. 下列情形中，应以纳税人同类应税消费品的最高销售价格作为计税依据计算消费税的有(　　)。

A. 将自产应税消费品用于换取生产资料　　B. 将自产应税消费品用于投资入股

C. 将自产应税消费品用于无偿赠送　　D. 将自产应税消费品用于抵债

11. 关于应税消费品销售额的确定，下列表述正确的有(　　)。

A. 应税消费品的销售额包括向购买方收取的增值税款

B. 自产自用的应税消费品，按照本企业同类产品的销售价格确定销售额

C. 随同应税消费品出售的包装物，无论是否单独计价，也无论会计上如何核算，均应并入销售额中征收消费税

D. 随同应税消费品出售的包装物，其使用的消费税税率和应税消费品的消费税税率相同

12. 下列货物的包装物押金不论是否退还，均应合并在销售额中缴纳消费税的应税消费品有(　　)。

A. 啤酒　　B. 黄酒

C. 白酒　　D. 药酒

13. 消费税是对我国境内从事生产、委托加工和进口应税消费品的单位和个人，就其(　　)在特定环节征收的一种税。

A. 销售额　　B. 所得额

C. 生产额　　D. 销售数量

14. 下列各项中，应按委托加工应税消费品的规定征收消费税的有(　　)。

A. 委托方提供原材料，受托方代垫部分辅助材料的

B. 受托方以委托方名义购进原材料的

C. 受托方先将原材料卖给委托方再接受加工

D. 委托方提供原料、材料和全部辅助材料的

15. 纳税人销售应税消费品向买方收取的下列款项，需计入销售额计税的有(　　)。

A. 增值税销项税　　B. 运输装卸费

C. 手续费　　D. 储备费

16. 纳税人以自产应税消费品用于下列项目应纳消费税的有(　　)。

A. 移送另一车间生产应税消费品　　B. 移送另一车间生产非应税消费品

C. 换取生产资料和消费资料　　D. 供本厂管理部门使用

17. 某啤酒厂为一般纳税人，本月将自产啤酒 5 吨用于啤酒节，每吨啤酒出厂价为 2 800 元（不含税），则其应纳税情况为(　　)。

A. 消费税 1 100 元　　B. 消费税 220 元

C. 增值税 2 380 元　　D. 增值税 840 元

三、判断题

1. 征收消费税的环节是从生产到流通的各个环节。(　　)

2. 应税消费品的销货方在销货时为购货方代垫的运费不包括在其销售额中，由销货方与购货方另行结算。(　　)

3. A 市甲企业委托 B 市乙企业加工一批应税消费品，该批消费品应纳消费税款应由甲企业向 A 市税务机关解缴。(　　)

4. 企业将自产的应税消费品作为职工福利发放，成本 100 万元，成本利润率为

5%，适用30%的消费税税率，则该部分产品应交消费税45万元。 （ ）

5. 消费税实行价外税制度。 （ ）

6. 应税消费品的计税销售额含消费税税额，不含增值税税额。 （ ）

7. 对应税消费品征收消费税后，不再征收增值税。 （ ）

8. 从购货方取得的各种价外费用，不计入消费税的销售额。 （ ）

9. 纳税人用于抵偿债务的应税消费品，不缴纳消费税。 （ ）

10. 应税消费品连同包装物销售，其中包装物单独计价的，应按扣除包装物后的销售额计税。 （ ）

11. 某酒厂将生产的白酒和药酒组成礼品套酒对外销售，并对这两类酒分别核算销售额，对于礼品套酒应就其全部销售额按白酒的适用税率计征消费税。 （ ）

12. 纳税人将自产的应税消费品，用于连续生产应税消费品，不需缴纳消费税。 （ ）

13. 纳税人把自产自用的应税消费品用作广告或样品的，也应于移送使用时按销售应税消费品计算纳税。 （ ）

14. 委托加工的应税消费品，受托方在交货时已代收代缴消费税，委托方收回后直接出售的，不再征收消费税。 （ ）

15. 卷烟厂用外购的已税烟丝作为原材料连续生产卷烟，在计算纳税时，准予从卷烟的应纳消费税税额中减除当期生产领用的外购烟丝的已纳税额。 （ ）

四、案例分析题

某化妆品厂2019年5月发生如下经济业务：

1. 销售一批化妆品，适用消费税税率为30%，开出增值税专用发票，收取价款100万元，增值税款13万元，货款已存入银行。

2. 没收逾期未归还的化妆品包装物押金22 600元。

3. 将自产化妆品一批以福利形式发放给职工，按同类产品不含税售价计算，价款为50 000元，成本价为30 000元。

4. 受托加工化妆品一批，委托方提供原材料20万元，本企业收取加工费8万元，本企业无同类化妆品销售价格。

5. 将护肤品、护发品、化妆品装入一盒内作为礼品送给关系单位，成本价为16 000元，不含税售价应为20 000元。

要求：根据上述材料回答下列问题：

（1）销售化妆品应纳消费税为（ ）。

A. 30万元　　B. 35.1万元

C. 42.85万元　　D. 17万元

（2）没收押金应纳消费税为（ ）。

A. 0元　　B. 6 000元

C. 7 020元　　D. 3 400元

（3）自产化妆品一批以福利形式发放给职工应纳消费税为（ ）。

A. 0元　　B. 9 000元

C. 15 000 元　　D. 8 500 元

(4) 受托加工化妆品代收代缴消费税为(　　)。

A. 6 万元　　B. 8.4 万元

C. 12 万元　　D. 14 万元

(5) 组合包装消费品应纳消费税为(　　)。

A. 0 元　　B. 4 800 元

C. 6 000 元　　D. 10 800 元

五、计算题

1. 某化妆品生产企业为增值税一般纳税人，2019 年 5 月份向某大型商场销售化妆品一批，开具增值税专用发票，取得不含税销售额 60 万元；又向某单位销售化妆品一批，开具普通发票，取得含税销售额 5.65 万元。要求计算该化妆品生产企业本月应纳消费税税额。

2. 某进出口贸易公司 2019 年 4 月份从韩国进口一批化妆品，经海关核定该批化妆品完税价格为 800 000 元，进口关税税率 50%，计算该公司进口该批化妆品应纳消费税税额。

3. 某石化公司 2019 年 1 月生产销售汽油 2 000 吨、柴油 3 000 吨、溶剂油 30 吨，当月将自产汽油 3 吨用于运输车辆。计算 1 月份该公司应纳消费税税额。

4. 某卷烟生产企业 2019 年 6 月库存外购已税烟丝金额 30 万元，当月又外购已税烟丝金额 80 万元，月末库存烟丝金额 40 万元（以上金额均不含增值税），其余被当月生产卷烟领用。计算当月准予扣除的外购烟丝已纳的消费税款。

5. 2019 年 1 月，甲企业委托乙企业加工化妆品，甲企业提供的原料成本为 60 000 元，支付加工费 27 300 元（含乙企业代垫辅助材料成本 7 300 元），计算该企业应纳消费税税额。

6. 2019 年 1 月，某外贸企业从国外进口一批涂料，已知该批涂料的关税完税价格为 138 万元，按规定应缴纳关税 56 万元，计算进口环节应纳的消费税额。

7. 2019 年 1 月，某啤酒厂本月销售啤酒 500 吨，每吨出厂价格 3 600 元。计算其本月应纳消费税税额。

8. 2019 年 1 月，某卷烟厂销售 A 卷烟 200 标准箱，每箱调拨价格 25 000 元；销售 B 卷烟 60 标准箱，每箱调拨价格 7 000 元。计算该卷烟厂当月应纳的消费税税额。

9. 某化妆品生产企业为增值税一般纳税人，2019 年 4 月上旬从国外进口一批散装化妆品，到岸价格为150万元；进口机器设备一套，到岸价格为180万元。散装化妆品和机器设备均验收入库。本月内企业将进口的散装化妆品的80%生产加工为成套化妆品7 800件，对外批发销售6 000件，取得不含税销售额290万元；向消费者零售800件，取得含税销售额57.63万元。（化妆品的进口关税税率40%，机器设备的进口关税税率20%）

要求：计算该企业在进口环节和国内生产销售环节应缴纳的消费税。

10. 某酒厂为增值税一般纳税人，2019年5月份经营情况如下：

（1）以直接收款方式销售粮食白酒20吨，取得销售额10万元；又销售粮食白酒200吨，取得销售额83万元，随同产品销售单独计价的包装物价款16 380元，代垫运杂费400元，承运部门将发票开给购货方，已收到购货方商业承兑汇票。

（2）销售给外地糖烟酒公司粮食白酒500吨，取得销售额220万元，另收取包装物押金2.26万元。

（3）以直接收款方式销售薯类白酒4吨，取得销售额16 000元。

（4）直接销售啤酒50吨，取得销售额8万元，另收取啤酒押金3万元，款项已全部存入银行。

（5）本月厂招待所领用粮食白酒10吨，价值5万元；啤酒19 760升，价值32 000元，用于对外招待。

以上销售额均不含增值税。按照上述资料计算该厂当月应缴纳的消费税。

11. 某市一卷烟生产企业为增值税一般纳税人，2019年6月有关经营情况如下：

（1）期初库存外购已税烟丝300万元，本期外购已税烟丝取得防伪税控系统开具的增值税专用发票，注明价款2 000万元，增值税260万元，支付本期外购烟丝运输费用50万元，取得经税务机关认定的运输公司开具的运输发票。

（2）生产领用库存烟丝2 100万元，分别生产卷烟2 500标准箱（每标准条200支，调拨价格均大于70元）、雪茄烟500箱。

（3）经专卖局批准，销售卷烟给各商场1 200箱，取得不含税销售收入3 600万元，由于货款收回及时给了各商场2%的折扣。销售给各卷烟专卖店800箱，取得不含税销售收入2 400万元，支付销货运输费用120万元并取得了经税务机关认定的运输公司开具的普通发票。

（4）取得专卖店购买卷烟延期付款的补贴收入21.06万元，已向对方开具了普通发票。

（5）销售雪茄烟300箱给各专卖店，取得不含税销售收入600万元，以雪茄烟40箱换回小轿车2辆、大货车1辆。零售雪茄烟15箱取得含税销售收入35.1万元。取得雪茄烟过期的包装物押金收入7.02万元。

（6）月末盘存发现库存烟丝短缺32.79万元（其中含运费成本2.79万元），经认定短缺的烟丝属于管理不善造成的短缺。

（注：卷烟消费税比例税率56%、雪茄烟消费税比例税率36%、烟丝消费税比例税率30%，相关票据已通过主管税务机关认证）

要求：

（1）计算6月份与销售卷烟相关的消费税税额。

（2）计算6月份与销售雪茄烟相关的消费税税额。

（3）计算6月份应缴纳的消费税税额。

职业实践能力训练

一、训练目标

1. 能够准确计算应纳消费税额和应代收代缴消费税税额。
2. 能够正确填制消费税纳税申报表，办理纳税申报。

二、工作任务

1. 计算奇美日化有限公司2019年5月应纳消费税（化妆品税率为30%）。
2. 计算该公司2019年5月应代收代缴A日用化工厂消费税。
3. 填制2019年5月消费税纳税申报表及其附表（见表3-1、表3-2、表3-3、表3-4、表3-5），办理纳税申报。

三、实训材料

（一）企业基本情况

企业名称：奇美日化有限公司

企业性质：集体企业（增值税一般纳税人）

企业地址：日照市丰华路456号

纳税人识别号：68000000000000077

（二）业务资料

某奇美日化有限公司（一般纳税人）2019年5月发生以下业务：

（1）购进香水精，取得增值税专用发票上注明价款30万元，本月货到并验收入库；

（2）用上述购进的10万元香水精，委托一日化工厂加工化妆品，本月化妆品公司收回并支付加工费及增值税金，日化厂代收代缴了消费税，并开具了增值税专用发票，注明加工费6万元（包括代垫辅料1万元）；

（3）该公司将委托加工收回的化妆品80%售给某特约经销商，开具增值税专用发票上注明价款40万元，货款已收到；

（4）另领用外购香水精18万元，领用委托加工收回的化妆品2万元，生产成套化妆品售出，专用发票已开出，注明价款90万元，货已发出，并办妥银行托收手续；

（5）该公司受托为A日用化工厂加工化妆品，收到价值30万元的委托加工材料，按合同约定代垫辅助材料1万元，应收加工费3万元（不含增值税）。

表3－1　　　　其他应税消费品消费税纳税申报表

税款所属期：　　年　　月　　日至　　年　　月　　日

纳税人名称（公章）：　　　　纳税人识别号：□□□□□□□□□□□□□□□□□□□□

填表日期：　　年　　月　　日　　　　金额单位：元（列至角分）

项目 应税消费品名称	适用税率	销售数量	销售额	应纳税额
合计	—	—	—	

<table>
<tr><td>本期准予抵减税额：</td><td rowspan="3">声明
此纳税申报表是根据国家税收法律的规定填报的，我确定它是真实的、可靠的、完整的。
经办人（签章）：
财务负责人（签章）：
联系电话：</td></tr>
<tr><td>本期减（免）税额：</td></tr>
<tr><td>期初未缴税额：</td></tr>
<tr><td>本期缴纳前期应纳税额：</td><td rowspan="4">（如果你已委托代理人申报，请填写）
授权声明
为代理一切税务事宜，现授权__________（地址）__________为本纳税人的代理申报人，任何与本申报表有关的往来文件，都可寄予此人。
授权人签章：</td></tr>
<tr><td>本期预缴税额：</td></tr>
<tr><td>本期应补（退）税额：</td></tr>
<tr><td>期末未缴税额：</td></tr>
</table>

以下由税务机关填写

受理人（签章）：　　　　受理日期：　　年　　月　　日　　　　受理税务机关（章）：

填 表 说 明

一、本表限化妆品、贵重首饰及珠宝玉石、鞭炮焰火、摩托车（排量>250毫升）、摩托车（排量=250毫升）、高尔夫球及球具、高档手表、游艇、木制一次性筷子、实木地板等消费税纳税人使用。

二、本表“税款所属期”是指纳税人申报的消费税应纳税额的所属时间，应填写具体的起止年、月、日。

三、本表“纳税人识别号”栏，填写纳税人的税务登记证号码。

四、本表“纳税人名称”栏，填写纳税人单位名称全称。

五、本表“应税消费品名称”和“适用税率”按照以下内容填写：

化妆品：30%；贵重首饰及珠宝玉石：10%；金银首饰（铂金首饰、钻石及钻石饰品）：5%；鞭炮焰火：15%；摩托车（排量>250毫升）：10%；摩托车（排量=250毫升）：3%；高尔夫球及球具：10%；高档手表：20%；游艇：10%；木制一次性筷子：5%；实木地板：5%。

六、本表“销售数量”为《中华人民共和国消费税暂行条例》、《中华人民共和国消费税暂行条例实施细则》及其他法规、规章规定的当期应申报缴纳消费税的应税消费品销售（不含出口免税）数量。计量单位是：摩托车为辆；高档手表为只；游艇为艘；实木地板为平方米；木制一次性筷子为万双；化妆品、贵重首饰及珠宝玉石（含金银首饰、铂金首饰、钻石及钻石饰品）、鞭炮焰火、高尔夫球及球具按照纳税人实际使用的计量单位填写并在本栏中注明。

七、本表“销售额”为《中华人民共和国消费税暂行条例》、《中华人民共和国消费税暂行条例实施细则》及其他法规、规章规定的当期应申报缴纳消费税的应税消费品销售（不含出口免税）收入。

八、根据《中华人民共和国消费税暂行条例》的规定，本表“应纳税额”计算公式如下：

应纳税额 = 销售额 × 适用税率

九、本表“本期准予扣除税额”填写按税收法规规定本期外购或委托加工收回应税消费品后连续生产应税消费品准予扣除的消费税应纳税额。其准予扣除的消费税应纳税额情况，需填报本表附表《本期准予扣除税额计算表》予以反映。

“本期准予扣除税额”栏数值与本表附表《本期准予扣除税额计算表》“本期准予扣除税款合计”栏数值一致。

十、本表“本期减（免）税额”不含出口退（免）税额。

十一、本表“期初未缴税额”填写本期期初累计应缴未缴的消费税额，多缴为负数。其数值等于上期申报表“期末未缴税额”。

十二、本表“本期缴纳前期应纳税额”填写本期实际缴纳入库的前期应缴未缴消费税额。

十三、本表“本期预缴税额”填写纳税申报前纳税人已预先缴纳入库的本期消费税额。

十四、本表“本期应补（退）税额”填写纳税人本期应纳税额中应补缴或应退回的数额，计算公式如下，多缴为负数：

本期应补（退）税额 = 应纳税额（合计栏金额）－本期准予扣除税额 － 本期减（免）税额 － 本期预缴税额

十五、本表“期末未缴税额”填写纳税人本期期末应缴未缴的消费税额，计算公式如下，多缴为负数：

期末未缴税额 = 期初未缴税额 + 本期应补（退）税额 － 本期缴纳前期应纳税额

十六、本表为 A4 竖式，所有数字小数点后保留两位。一式二份，一份纳税人留存，一份税务机关留存。

表 3－2　　本期准予扣除税额计算表

税款所属期：　　年　　月　　日至　　年　　月　　日

纳税人名称（公章）：　　　　纳税人识别号：□□□□□□□□□□□□□□□□□□□□

填表日期：　　年　　月　　日　　　　金额单位：元（列至角分）

项目 \ 应税消费品名称					合计
当期准予扣除的委托加工应税消费品已纳税款计算	期初库存委托加工应税消费品已纳税款				—
	当期收回委托加工应税消费品已纳税款				—
	期末库存委托加工应税消费品已纳税款				—
	当期准予扣除委托加工应税消费品已纳税款				
当期准予扣除的外购应税消费品已纳税款计算	期初库存外购应税消费品买价				—
	当期购进应税消费品买价				—
	期末库存外购应税消费品买价				—
	外购应税消费品适用税率				—
	当期准予扣除外购应税消费品已纳税款				
本期准予扣除税款合计					

填表说明

一、本表作为《其他应税消费品消费税纳税申报表》的附列资料，由外购或委托加工收回应税消费品后连续生产应税消费品的纳税人填报。未发生外购或委托加工收回应税消费品后连续生产应税消费品的纳税人不填报本表。

二、本表“税款所属期”、“纳税人名称”、“纳税人识别号”的填写同主表。

三、本表“应税消费品名称”填写化妆品、珠宝玉石、鞭炮焰火、摩托车（排量>250毫升）、摩托车（排量=250毫升）、高尔夫球及球具、木制一次性筷子、实木地板。

四、根据《国家税务总局关于用外购和委托加工收回的应税消费品连续生产应税消费品征收消费税问题的通知》（国税发〔1995〕94号）的规定，本表“当期准予扣除的委托加工应税消费品已纳税款”计算公式如下：

当期准予扣除的委托加工应税消费品已纳税款=期初库存委托加工应税消费品已纳税款+当期收回委托加工应税消费品已纳税款-期末库存委托加工应税消费品已纳税款

五、根据《国家税务总局关于用外购和委托加工收回的应税消费品连续生产应税消费品征收消费税问题的通知》（国税发〔1995〕94号）的规定，本表“当期准予扣除的外购应税消费品已纳税款”计算公式如下：

当期准予扣除的外购应税消费品已纳税款=（期初库存外购应税消费品买价+当期购进应税消费品买价-期末库存外购应税消费品买价）×外购应税消费品适用税率

六、本表“本期准予扣除税款合计”为本期外购及委托加工收回应税消费品后连续生产应税消费品准予扣除应税消费品已纳税款的合计数，应与《其他应税消费品消费税纳税申报表》“本期准予扣除税额”栏数值一致。

七、本表为A4竖式，所有数字小数点后保留两位。一式二份，一份纳税人留存，一份税务机关留存。

表3-3 **准予扣除消费税凭证明细表**

税款所属期：　　年　　月　　日至　　年　　月　　日

纳税人名称（公章）：　　　　纳税人识别号：□□□□□□□□□□□□□□□□□□□□

填表日期：　　年　　月　　日　　　　金额单位：元（列至角分）

应税消费品名称	凭证类别	凭证号码	开票日期	数量	金额	适用税率	消费税税额

续表

应税消费品名称	凭证类别	凭证号码	开票日期	数量	金额	适用税率	消费税税额
合计	—	—	—	—	—	—	

填表说明

一、本表作为《其他应税消费品消费税纳税申报表》的附列资料，由外购或委托加工收回应税消费品后连续生产应税消费品的纳税人填报。未发生外购或委托加工收回应税消费品后连续生产应税消费品的纳税人不填报本表。

二、本表“税款所属期”、“纳税人名称”、“纳税人识别号”的填写同主表。

三、本表“应税消费品名称”填写化妆品、珠宝玉石、鞭炮焰火、摩托车（排量>250毫升）、摩托车（排量=250毫升）、高尔夫球及球具、木制一次性筷子、实木地板。

四、本表“凭证类别”填写准予扣除凭证名称，如：增值税专用发票、海关进口消费税专用缴款书、代扣代收税款凭证。

五、本表“凭证号码”填写准予扣除凭证的号码。

六、本表“开票日期”填写准予扣除凭证的开票日期。

七、本表“数量”填写准予扣除凭证载明的应税消费品数量，并在本栏中注明计量单位。

八、本表“金额”填写准予扣除凭证载明的应税消费品金额。

九、本表“适用税率”填写应税消费品的适用税率。

十、本表“消费税税额”填写凭该准予扣除凭证申报抵扣的消费税税额。

十一、本表为A4竖式，所有数字小数点后保留两位。一式二份，一份纳税人留存，一份税务机关留存。

表3－4　　本期代收代缴税额计算表

税款所属期：　　年　　月　　日至　　年　　月　　日

纳税人名称（公章）：　　纳税人识别号：□□□□□□□□□□□□□□□□□□□□

填表日期：　　年　　月　　日　　金额单位：元（列至角分）

项目＼应税消费品名称				合计
适用税率				—
受托加工数量				—
同类产品销售价格				—
材料成本				—
加工费				—
组成计税价格				—
本期代收代缴税款				

填表说明

一、本表作为《其他应税消费品消费税纳税申报表》的附列资料，由应税消费品受托加工方填报。委托方和未发生受托加工业务的纳税人不填报本表。

二、本表“税款所属期”、“纳税人名称”、“纳税人识别号”的填写同主表。

三、本表“应税消费品名称”和“税率”按照以下内容填写：

化妆品：30%；贵重首饰及珠宝玉石：10%；金银首饰（铂金首饰、钻石及钻石饰品）：5%；鞭炮焰火：15%；摩托车（排量>250毫升）：10%；摩托车（排量=250毫升）：3%；高尔夫球及球具：10%；高档手表：20%；游艇：10%；木制一次性筷子：5%；实木地板：5%。

四、本表“受托加工数量”的计量单位是：摩托车为辆；高档手表为只；游艇为艘；实木地板为平方米；木制一次性筷子为万双；化妆品、贵重首饰及珠宝玉石（含金银首饰、铂金首饰、钻石及钻石饰品）、鞭炮焰火、高尔夫球及球具按照受托方实际使用的计量单位填写并在本栏中注明。

五、本表“同类产品销售价格”为受托方同类产品销售价格。

六、根据《中华人民共和国消费税暂行条例》的规定，本表“组成计税价格”的计算公式如下：

组成计税价格＝（材料成本＋加工费）÷（1－消费税税率）

七、根据《中华人民共和国消费税暂行条例》的规定，本表“本期代收代缴税款”的计算公式如下：

（一）当受托方有同类产品销售价格时

本期代收代缴税款＝同类产品销售价格×受托加工数量×适用税率

（二）当受托方没有同类产品销售价格时

本期代收代缴税款＝组成计税价格×适用税率

八、本表为A4竖式，所有数字小数点后保留两位。一式二份，一份纳税人留存，一份税务机关留存。

表 3－5 **生产经营情况表**

税款所属期： 年 月 日至 年 月 日

纳税人名称（公章）： 纳税人识别号：□□□□□□□□□□□□□□□□□□□□

填表日期： 年 月 日 金额单位：元（列至角分）

项目 \ 应税消费品名称			
生产数量			
销售数量			
委托加工收回应税消费品直接销售数量			
委托加工收回应税消费品直接销售额			
出口免税销售数量			
出口免税销售额			

填 表 说 明

一、本表为年报，作为《其他应税消费品消费税纳税申报表》的附列资料，由纳税人于年度终了后填写，次年1月份办理消费税纳税申报时报送。

二、本表“税款所属期”、“纳税人名称”、“纳税人识别号”、“应税消费品名称”和“销售数量”填写要求同主表。

三、本表“生产数量”，填写本期生产的产成品数量，计量单位应与销售数量一致。

四、本表“出口免税销售数量”和“出口免税销售额”为享受出口免税政策的应税消费品销售数量和销售额。

五、本表计量单位：摩托车为辆；高档手表为只；游艇为艘；实木地板为平方米；木制一次性筷子为万双；化妆品、贵重首饰及珠宝玉石（含金银首饰、铂金首饰、钻石及钻石饰品）、鞭炮焰火、高尔夫球及球具按照纳税人实际使用的计量单位填写并在本栏中注明。

六、本表为A4竖式。所有数字小数点后保留两位。一式二份，一份纳税人留存，一份税务机关留存。

职业拓展能力训练

拓展训练一

某摩托车生产企业，当月对外销售同型号的摩托车时共有三种价格，以4 000元的单价销售50辆，以4 500元的单价销售10辆，以4 800元的单价销售5辆。

当月以20辆同型号的摩托车与甲企业换取原材料。双方按当月的加权平均销售价格确定摩托车的价格，摩托车消费税税率为10%。

按税法规定，应纳消费税为：4 800×20×10% =9 600（元）

如果该企业按照当月的加权平均单位将这20辆摩托车销售后，再购买原材料，比直接换取原材料节税多少元？

拓展训练二

某酒厂主要生产粮食白酒，产品销售全国各地的批发商。按照以往的经验，本市的一些商业零售户、酒店、消费者每年到工厂直接购买的白酒大约1 000箱。为了提高企业的盈利水平，企业在本市设立了一独立核算的白酒经销部。该厂按照销售给其他批发商的产品价格与经销部结算，每箱400元，经销部再以每箱480元的价格对外销售。粮食白酒适用消费税税率20%。通过设立独立的白酒经销部可以节税多少元？

4 项目四 关税计算与申报

知识回顾

一、相关概念

1. 关税

关税是海关依法对进出国境或关境的货物、物品征收的一种税。

2. 关税征税范围

关税的征税范围包括国家准许进出口的货物、进境物品，但法律、行政法规另有规定的除外。货物，是指贸易性商品；物品，是指入境旅客随身携带的行李物品、个人邮递物品、各种运输工具上的服务人员携带进口的自用物品、馈赠物品以及其他方式进境的个人物品。对从境外采购进口的原产自中国境内的货物，海关也要依照《海关进出口税则》征收进口关税。具体地说，除国家规定享受减免税的货物可以免征或减征关税外，所有进口货物和少数出口货物均属于关税的征税范围。

3. 关税纳税人

关税纳税人，包括进口货物的收货人、出口货物的发货人、进出境物品的所有人。进出口货物的收、发货人是依法取得对外贸易经营权，并进口或者出口货物的法人或者其他社会团体。进出境物品的所有人包括该物品的所有人和推定为所有人的人。一般情况下，对于携带进境的物品，推定其携带人为所有人；对分离运输的行李，推定相应的进出境旅客为所有人；对以邮递方式进境的物，推定其收件人为所有人；以邮递或其他运输方式出境的物品，推定其寄件人或托运人为所有人。

二、关税的计算

（一）计算关税完税价格

1. 进口货物的完税价格

由海关以进口应税货物的成交价格以及该货物运抵我国境内输入地点起卸前的运输及相关费用、保险费为基础审查确定。

2. 出口货物的完税价格

（1）以成交价格为基础的完税价格。出口货物的完税价格，由海关以该货物向境外销售的成交价格为基础审查确定，并应包括货物运至我国境内输出地点装载前的运输及其相关费用、保险费，但其中包含的出口关税税额，应当扣除。

出口货物的成交价格，是指该货物出口销售到我国境外时买方向卖方实付或应付的价格。出口货物的成交价格中含有支付给境外的佣金的，如果单独列明，应当扣除。

（2）出口货物海关估价方法。出口货物的成交价格不能确定时，完税价格由海关估定完税价格。

（二）计算关税应纳税额

1. 从价税计算方法

关税应纳税额 = 应税进（出）口货物数量 × 单位完税价格 × 适用税率

2. 从量税计算方法

关税应纳税额 = 应税进（出）口货物数量 × 关税单位税额

3. 复合税计算方法

关税应纳税额 = 应税进（出）口货物数量 × 税额 + 应税进（出）口货物数量 × 单位完税价格 × 适用税率

4. 滑准税计算方法

关税应纳税额 = 应税进（出）口的货物数量 × 单位完税价格 × 滑准税税率

三、关税的缴纳

进口货物自运输工具申报进境之日起14日内，出口货物在货物运抵海关监管区后装货的24小时以前，应由进出口货物的纳税义务人向货物进（出）境地海关申报，海关根据税则归类和完税价格计算应缴纳的关税和进口环节代征税，并填发税款缴款书。纳税义务人应当自海关填发税款缴款书之日起15日内，向指定银行缴纳税款。如关税缴纳期限的最后1日是周末或法定节假日，则关税缴纳期限顺延至周末或法定节假日过后的第1个工作日。

职业判断能力训练

一、单项选择题

1. 关税的征税对象是指(　　)。

A. 仅指准许进出境的货物
B. 仅指准许进出境的物品
C. 准许进出境的货物和物品
D. 有形动产

2. 下列项目中，不应计入进口货物完税价格的是(　　)。
A. 机器设备进口后的安装费用
B. 运抵我国境内起卸前的保险费
C. 卖方从买方对该货物进口后转售所得中获得的收益
D. 买方支付的特许权使用费

3. 下列(　　)费用，可以列入关税完税价格。
A. 进口关税及其他国内税
B. 货物运抵境内输入点之后的运输费用
C. 买方为购进货物向代表双方利益的经纪人支付的劳务费
D. 工业设施、机械设备类货物进口后发生的基建、安装、调试、技术指导等费用

4. 按中国海关现行规定，进出口货物完税后，如发现少征或者漏征税款时，海关应当自缴纳税款或者货物、物品放行之日起(　　)内，向纳税义务人补征。
A. 半年
B. 1 年
C. 2 年
D. 3 年

5. 目前关税的法律依据是2013 年修正颁布的《中华人民共和国海关法》和国务院(　　)发布的《中华人民共和国进出口关税条例》。
A. 2000 年
B. 2001 年
C. 2003 年
D. 2005 年

6. 下列各项中，符合关税法定免税规定的是(　　)。
A. 保税区进出口的基建物资和生产用车辆
B. 特定边境贸易进出口的基建物资和生产用车辆
C. 关税税款在人民币 100 元以下的一票货物
D. 经海关核准进口的无商业价值的广告品和货样

7. 进口货物自运输工具申报进境之日起(　　)日内，应由纳税义务人向货物进境地海关申报纳税。
A. 7
B. 14
C. 15
D. 30

8. 纳税义务人应当自海关填发税款缴款书之日起(　　)日内，向指定银行缴纳税款。
A. 7
B. 10
C. 15
D. 30

9. 下列有关纳税申报的表述中，正确的是(　　)。
A. 企业取得应税收入时应立即申报纳税
B. 享受免税的企业不必申报纳税
C. 享受减税的企业应按时纳税申报
D. 扣缴义务人无须进行纳税申报

10. 新发公司进口一台机器设备，成交价格为 4 500 万元人民币，起卸前运费和保

险费共为1.5万元，购货佣金4万元，进口关税税率为15%，则该公司应纳进口关税为(　　)。

A. 60万元　　B. 60.18万元

C. 675.225万元　　D. 60.825万元

11. 进口货物的纳税义务人应当自运输工具申报进境之日起(　　)日内，出口货物的纳税义务人除海关特准的外，应当在货物运抵海关监管区后、装货的(　　)小时以前，由进出口纳税义务人向货物的进出境地海关申报。

A. 14、24　　B. 16、26

C. 14、26　　D. 15、26

二、多项选择题

1. 我国海关规定，减免进出口关税的权限属于中央政府。关税减免形式主要包括(　　)。

A. 法定减免　　B. 特定减免

C. 困难减免　　D. 临时减免

2. 我国关税计征办法包括(　　)。

A. 从价关税　　B. 从量关税

C. 复合关税　　D. 滑准关税

3. 下列各项中，属于关税法定纳税义务人的有(　　)。

A. 进口货物的收货人　　B. 进口货物的代理人

C. 出口货物的发货人　　D. 出口货物的代理人

4. 自2002年1月1日起，我国进口税则设有(　　)。

A. 最惠国税率　　B. 协定税率

C. 特惠税率　　D. 普通税率

5. 根据海关法规定，下列(　　)费用如未包括在进口货物实付或应付价格中，应计入完税价格。

A. 由买方负担的购货佣金以外的佣金和经纪费

B. 由买方负担的在审查确定完税价格时与该货物视为一体的容器的费用

C. 由买方负担的包装材料费用和包装劳务费用

D. 卖方直接或者间接从买方获得的该货物进口后转售、处置或者使用的收益

6. 下列各项目中，不计入进口完税价格的有(　　)。

A. 进口关税及其他国内税

B. 进口设备进口后的维修服务费用

C. 货物运抵我国境内输入地起卸后的运输装卸费

D. 进口货物在境内的复制权费

7. 进口货物的完税价格由海关以该货物的成交价格，以及该货物运抵中华人民共和国境内输入地点起卸前的(　　)等费用为基础审查确定。

A. 包装　　B. 其他劳务

C. 保险　　D. 运输

8. 某公司从法国进口化妆品，进口环节应缴纳的税金及其计税方法有(　　)。

A. 从价计征的关税　　B. 从量计征的关税

C. 从量计征的消费税　　D. 从价计征的增值税

9. 进口货物海关估价方法有(　　)。

A. 相同或类似货物成交价格方法　　B. 倒扣价格方法

C. 计算价格方法　　D. 其他合理方法

10. 出口货物的完税价格，主要包括(　　)。

A. 货物运至我国境内输出地点装载前的运费

B. 货物运至我国境内输出地点装载后运往国外地点的运费

C. 货物运至我国境内输出地点装载前的相关费用保险费

D. 出口关税

11. 关税征收管理规定中，关于补征和追征的期限为(　　)。

A. 补征期 1 年内　　B. 追征期 1 年内

C. 补征期 3 年内　　D. 追征期 3 年内

12. 下列法定免纳关税的进口货物有(　　)。

A. 进口科教用品　　B. 海外华侨无偿赠送的物资

C. 无商业价值的广告品和货样　　D. 无代价抵偿物

三、判断题

1. 我国目前对进出口货物实行从量关税、复合关税和滑准关税。　(　　)

2. 滑准税，是一种关税税率随进口货物价格由高到低，而由低到高设置计征关税的方法，可以使进口货物价格越高，其进口关税税率越低，进口货物价格越低，其进口关税税率越高。目前我国进口新闻纸采用该税率形式。　(　　)

3. 关税的贸易对象是贸易性商品，不包括入境旅客携带的个人行李和物品。　(　　)

4. 关税完税价格是纳税义务人向海关申报的价格，即货物实际成交价格。　(　　)

5. 进口完税价格以到岸价格为基础，到岸价格除货价外，还包括货物送抵我国输入地起卸前的包装、运输、保险及其他劳务费用。　(　　)

6. 我国对进境货物只是采用“全部产地生产标准”来确定原产地，从而正确选择进口货物的适用税率。　(　　)

7. 出口货物完税价格中不包括货物从内地口岸至最后出境口岸所支付的国内段运输费用。进口货物完税价格包括国内段运费。　(　　)

8. 对租赁方式进口货物，按进口货物估定价格确定完税价格。　(　　)

9. 根据我国《海关法》，当海关发现纳税义务人因违反规定而造成的少征或漏征税款时，海关应当自缴纳税款或者货物、物品放行之日起 1 年内，可以向纳税义务人追征。　(　　)

10. 根据我国《进出口关税条例》规定，外国政府、国际组织无偿赠送的物资，经海关审查无讹，可免征关税。　(　　)

11. 转让出售减免进口关税的货物不必再补交关税。　(　　)

12. 以境外价格条件成交的铁路或公路运输进口货物，海关以货价的0.3%计算运输及其相关费用和保险费。（　　）

13. 因故退还的境外进口货物，经海关审查属实，可予退还已征收的进口关税。（　　）

14. 因故退还的境外进口货物，经海关审查属实，可免于征收进口关税。（　　）

15. 滞纳金自关税缴纳期限届满之次日起，至纳税义务人缴纳关税之日止，按滞纳税款的万分之五的比例按月征收。（　　）

四、案例分析题

上海某进出口公司从美国进口货物一批，货物以离岸价格成交，成交价格折合人民币1 410万元，其中包括单独计价并已经海关审查属实的向境外采购代理人支付的买方佣金10万元，但不包括适用该货物而向境外支付的软件费50万元、向卖方支付的佣金15万元。另支付货物运抵我国上海港的运费、保险费等35万元。假设该货物适用的关税税率为20%、增值税税率13%、消费税税率10%。

要求：根据上述资料，分析回答下列问题。

（1）进口货物的关税完税价格为(　　)万元。

A. 1 500　　B. 1 515

C. 1 400　　D. 1 510

（2）进口环节关税为(　　)万元。

A. 500　　B. 400

C. 300　　D. 600

（3）进口环节海关代征消费税为(　　)万元。

A. 500　　B. 400

C. 300　　D. 200

五、计算题

1. 某丝绸进出口公司出口生丝一批，离岸价格为550万元，出口税率为100%。请计算该公司出口货物的应纳关税税额。

2. 某进出口公司从国外进口一批化工原料共500吨，货物以境外口岸离岸价格成交，单价折合人民币20 000元（不包括另向卖方支付的佣金每吨1 000元人民币），已知该货物运抵中国关境内输入地起卸前的包装、运输、保险和其他劳务费用为每吨2 000元人民币，关税税率为10%，计算该批化工原料的关税。

3. 某承建公司为修建城市地铁，从日本进口设备一台，货价200万元，包装费5万元。起运后至入关前运费12万元，到货后调试费8万元。假设进口货物关税税率为15%。请计算该单位应纳进口关税税额。

4. 甲公司进口一台机器设备，成交价格为404万元人民币，运费和保险费共为1.5

万元，成交价格中包含有甲公司向境外采购代理人支付的购货佣金 4 万元，进口关税税率为 15%，求甲公司应纳进口关税。

5. 某企业进口小汽车 10 辆，10 辆进口车的关税完税价格为 100 万元，计算该批车进口时应缴纳的关税、增值税、消费税（关税税率为 25%，消费税税率为 5%）。

6. 腾跃公司进口 2 台刻录机，单价 2 000 美元，美元与人民币的比价为 1∶6.2，从量税为每台 1 500 元人民币，从价税为 3%，计算应纳进口关税。

7. 某企业出口产品一批，按离岸价格成交，离岸价格共计人民币 220 万元，该产品出口关税税率为 10%，计算该企业应缴纳的出口关税。

8. 某具有进出口经营权的外贸公司，2019 年 5 月发生以下经营业务：

（1）经批准从境外进口小轿车 30 辆，每辆小轿车货款 15 万元，运抵我国海关前发生的运输费用 9 万元、保险费用 1.38 万元。向海关缴纳了相关税款，并取得完税凭证。

（2）公司委托运输公司将小轿车从海关运回本单位，支付运输费用 9 万元，取得了运输公司开具的普通发票。当月售出 24 辆，每辆取得含税销售额 40.95 万元。

已知：小轿车关税税率为 25%、增值税税率为 13%、消费税税率为 9%。

要求：

（1）计算小轿车在进口环节应缴纳的关税、消费税和增值税。

（2）计算国内销售环节应缴纳的增值税。

职业实践能力训练

一、训练目标

1. 能够正确计算关税完税价格及应纳关税。
2. 能正确填写海关进（出）口关税专用缴款书。

二、工作任务

1. 根据济南市大发商贸有限责任公司提供的 2018 年 12 月的相关资料，计算该企业当月应缴纳的关税。
2. 填写 2018 年 12 月填写海关进（出）口关税专业缴款书。

三、实训材料

1. 企业基本情况

纳税人名称：济南市大发商贸有限责任公司	税务登记号：120000000123
法人代表：刘开信	身份证号码：3701000000000
经营地址：济南市开元路777号	企业性质：有限责任公司
联系电话：1385564566	税务登记时间：2007年8月8日
注册资金：400万元	开户银行：济南市工商银行开元支行
企业人数：45人	银行账户：12354666
会计主管：刘柳	经办人：王一

2. 业务资料

该公司进口摩托车1 000辆，经海关审定的货价为180万美元。另外，运抵我国关境内输入地点起卸前的包装费10万美元，运输费8万美元，保险费2万美元。假设人民币汇价为1美元=6.5元人民币；该批摩托车进口关税税率为30%。

3. 海关进（出）口关税专业缴款书（见表4－1）

表4－1　　海关进（出）口关税专用缴款书

收入系统：海关系统　　填发日期：　　年　　月　　日

收款单位	收入机关	中央金库		缴款单位（人）	名　称	
	科目	预算级次			账　号	
	收款国库				开户银行	
税号	货物名称	数量	单位	完税价格（¥）	税率%	税款金额（¥）
金额人民币（大写）	万 仟 佰 拾 元 角 分				合计（¥）	

申请单位编号		报关单编号		填制单位 制单人 复核人 单证专用章	收款国库（银行） 业务公章
合同（批文）号		运输工具（号）			
缴款期限		提/装货号			
注	一般征税 国际代码				

职业拓展能力训练

拓展训练一

利用关税有关政策进行的纳税筹划。

关税法律对烟、酒、化妆品、金银及其制品、包金饰品、纺织品和制成品、电器用具、手表、照相机、录像机、汽车等规定了差异很大的关税税率。其中金银及其制品、包金饰品是免税的。酒的税率是100%，摄像机的税率是80%，手表的税率是30%，金银及其制品的税率是10%。假定李先生出国在国外买了300美元的酒、500美元的摄像机、400美元的手表作为礼物馈赠亲朋，或者用1 200美元购买金银及其制品、或包金饰品。

请从节税角度考虑李先生应如何做出决策。

拓展训练二

利用关税有关政策进行的纳税筹划。

一家钢铁企业，需要进口100万吨铁矿石，可供选择的进货渠道中有两家：一是澳大利亚，一是加拿大。澳大利亚的铁矿石品位较高，价格为20美元一吨，运费60万美元；加拿大的铁矿石品位较低，价格为19美元一吨，但运杂项费用高达240万美元，暂不考虑其他条件。

请问该钢铁企业到底应该选择哪一个国家进口铁矿石？

该钢铁企业从澳大利亚进口关税完税价格 $=100\times20+60=2\ 060$（万美元）

该钢铁企业从加拿大进口关税完税价格 $=100\times19+240=2\ 140$（万美元）

如果关税税率相同的话从澳大利亚进口钢铁品位高，且关税完税价格低，缴纳的关税少，应选择从澳大利亚进口。

5 项目五 企业所得税计算与申报

知识回顾

一、相关概念

1. 企业所得税

企业所得税是对我国境内的企业和其他取得收入的组织的生产经营所得和的其他所得依法征收的一种税。

2. 居民企业

居民企业，是指依照中国法律、行政法规在中国境内成立的企业、事业单位、社会团体以及其他取得收入的组织，或者依照外国（地区）法律成立但实际管理机构在中国境内的的企业和其他取得收入的组织。

3. 非居民企业

非居民企业，是指依照外国（地区）法律成立且实际管理机构不在中国境内，但在中国境内设立机构、场所的，或者在中国境内未设立机构、场所，但有来源于中国境内所得的企业。

二、企业所得税税款计算

（一）平时预缴所得税额的计算

1. 据实预缴

本月（季）应缴所得税额 = 实际利润累计额 × 税率 − 减免所得税额 − 已累计预缴的所得税额

2. 按照上一纳税年度应纳税所得额的平均额预缴

$$\text{本月（季）应缴所得税额} = \frac{\text{上一纳税年度应纳税所得额}}{12\text{（或}4\text{）}} \times \text{税率}$$

（二）年终汇算清缴应补（退）的所得税额的计算

1. 应纳税所得额的计算

（1）利润总额的计算。

利润总额＝营业收入－营业成本－税金及附加－销售费用－管理费用－财务费用－资产减值损失＋公允价值变动收益＋投资收益＋营业外收入－营业外支出

（2）应纳税所得额的计算。

应纳税所得额＝利润总额＋纳税调整增加额－纳税调整减少额＋境外应税所得弥补境内所得－弥补以前年度亏损

2. 应纳所得税额的年终汇算

企业所得税纳税人在分月（季）预缴的基础上，实行年终汇算清缴，多退少补的办法。计算公式如下：

实际应纳所得税额＝应纳税所得额×税率－减免所得税额－抵免所得税额＋境外所得应纳所得税额－境外所得抵免所得税额

本年应补（退）的所得税额＝实际应纳所得税额－本年累计实际已预缴的所得税额

三、企业所得税的缴纳方法与纳税期限

企业所得税实行按年计征，分月或者分季预缴，年终汇算清缴的方式，即每月或者每季度申报缴纳，年终计算该纳税年度实际需要缴纳的税额，实行多退少补。

企业所得税分月或者分季预缴由税务机关具体核定。企业应当自月份或者季度终了之日起15日内，向税务机关报送预缴企业所得税纳税申报表。

企业应当自年度终了之日起5个月内，向税务机关报送年度企业所得税纳税申报表，并汇算清缴，结清应缴应退税款。并且企业在纳税年度内无论盈利或者亏损，都应当依照规定的期限，向税务机关报送预缴企业所得税纳税申报表、年度企业所得税纳税申报表、财务会计报告和税务机关规定应当报送的其他有关资料。

职业判断能力训练

一、单项选择题

1. 下列各项中，适用我国企业所得税法律制度的是(　　)。

A. 有限责任公司　　B. 合伙企业

C. 个人独资企业　　D. 个体工商户

2. 适用于在中国境内未设立机构、场所的，或者虽设立机构、场所但取得的所得与其所设机构、场所没有实际联系的非居民企业的企业所得税税率是(　　)。

A. 15%　　B. 20%

C. 25%　　D. 33%

3. 下列收入不是企业所得税应税收入的是(　　)。

A. 转让财产收入　　B. 财政拨款收入

C. 提供劳务收入　　D. 接受捐赠收入

4. 下列关于企业所得税免税收入的陈述中，不正确的是(　　)。

A. 国债利息收入属于免税收入

B. 符合条件居民企业之间的股息、红利等权益性投资收益属于免税收入

C. 外国企业在中国境内设立的办事处取得的股票买卖收入属于免税收入

D. 符合条件的非营利组织的收入属于免税收入

5. 根据企业所得税的有关规定，以下对于所得来源确定的表述中，正确的是(　　)。

A. 权益性投资资产转让所得按照投资企业所在地确定

B. 股息、红利等权益性投资所得，按照分配所得的企业所在地确定

C. 提供劳务所得，按照所得支付地确定

D. 转让不动产，按照转让不动产的企业或机构、场所所在地确定

6. 下列各项中，不属于企业所得税纳税人的企业是(　　)。

A. 在英国成立但实际管理机构在中国境内的企业

B. 在中国境内成立的外商独资企业

C. 在中国境内成立的合伙企业

D. 在中国境内设立的一人有限公司

7. 根据企业所得税法的规定，以下适用25%税率的是(　　)。

A. 在中国境内未设立机构、场所的非居民企业

B. 在中国境内虽设立机构、场所但取得所得与其机构、场所没有实际联系的非居民企业

C. 在中国境内设立机构、场所且取得所得与其机构、场所有实际联系的非居民企业

D. 所有的非居民企业

8. 根据企业所得税法的规定，下列关于特殊收入的确认说法不正确的是(　　)。

A. 采取产品分成方式取得收入的，按照企业分得产品的日期确认收入的实现

B. 企业从事建筑、安装、装配工程业务，持续时间超过12个月的，按照纳税年度内完成的工作量确认收入的实现

C. 以分期收款方式销售货物的，按照合同约定的收款日期确认收入的实现

D. 采取产品分成方式取得收入的，其收入额按照产品的成本确定

9. 根据企业所得税法规定，下列说法正确的是(　　)。

A. 企业发生的费用一律不得重复扣除

B. 企业的不征税收入产生的费用可以按一般的费用进行扣除

C. 企业发生的工资都可以在税前扣除

D. 企业依照有关规定为特殊工种职工支付的人身安全保险费可以扣除

10. 根据企业所得税法的规定，企业的下列各项支出，在计算应纳税所得额时，准予从收入总额中直接扣除的是(　　)。

A. 公益性捐赠支出

B. 环境保户专项支出

C. 固定资产的减值准备

D. 向投资者支付的股息、红利等权益性投资收益款项

11. 纳税人发生的下列支出或费用，在计算应纳税所得额时准予扣除的是(　　)。

A. 支付违法经营的罚款　　B. 对外投资支出

C. 支付的税收滞纳金　　D. 支付银行加收的罚息

12. 在计算企业所得税应纳税所得额时，下列项目中不准予从收入总额中扣除的是(　　)。

A. 逾期归还银行贷款，银行按规定加收的罚息

B. 聘请中介机构费

C. 未经核定的准备金支出

D. 转让资产时该项资产的净值

13. 某小型微利企业经主管税务机关核定，2017 年度亏损 20 万元，2015 年度盈利 35 万元。该企业 2018 年度应缴纳的企业所得税为(　　)万元。

A. 1.5　　B. 2.25

C. 3　　D. 3.75

14. 某居民企业 2018 年度产品销售收入 4 800 万元，销售成本 3 600 万元，材料销售收入 400 万元，分回的投资收益 761 万元（被投资方税率为 15%），实际发生业务招待费 15 万元，该企业 2017 年度所得税前可以扣除的业务招待费用为(　　)万元。

A. 26　　B. 9

C. 15　　D. 18

15. 企业所得税的征收办法是(　　)。

A. 按月征收　　B. 按年计征，分月或分季预缴

C. 按季征收　　D. 按月计征，分周预缴

16. 我国对居民企业所得税的征税税率为(　　)。

A. 15%　　B. 10%

C. 20%　　D. 25%

17. 飞腾公司 2018 年度实现利润总额为 320 万元，无其他纳税调整事项。经税务机关核实的 2017 年度亏损额为 300 万元。该公司 2018 年度应缴纳的企业所得税税额为(　　)万元。

A. 105.6　　B. 5

C. 5.4　　D. 3.6

18. 企业应当自年度终了之日起一定时间内向税务机关报送年度企业所得税纳税申报表，并汇算清缴税款。该时间是(　　)。

A. 45 日内　　B. 3 个月内

C. 4 个月内　　D. 5 个月内

19. 某国有企业2019年度发生亏损，根据《企业所得税法》的规定，该亏损额可以用以后纳税年度的所得逐年弥补，但延续弥补的期限最长不得超过(　　)年。

A. 3　　B. 2
C. 4　　D. 5

20. 某企业2019年销售货物收入2 000万元。当年实际发生业务招待费20万元，该企业当年可在所得税前列支的业务招待费金额为(　　)万元。

A. 10　　B. 12
C. 15　　D. 20

21. 某公司2019年度实现会计利润总额25万元。经注册会计师审核，“财务费用”账户中列支有两笔利息费用：向银行借入生产用资金200万元，借用期限6个月，支付借款利息5万元；经过批准向本企业职工借入生产用资金60万元，借用期限10个月，支付借款利息3.5万元。该公司2019年度的应纳税所得额为(　　)万元。

A. 21　　B. 26
C. 30　　D. 33

22. 某贸易公司2019年3月1日，以经营租赁方式租入固定资产使用，租期1年，按独立纳税人交易原则支付租金1.2万元；6月1日以融资租赁方式租入机器设备一台，租期2年，当年支付租金1.5万元。计算当年企业应纳税所得额时应扣除的租赁费用为(　　)万元。

A. 1.0　　B. 1.2
C. 1.5　　D. 2.7

23. 下列各项中，在计算企业所得税应纳税所得额时准予按规定扣除的是(　　)。

A. 企业之间支付的管理费用　　B. 企业之间支付的利息费用
C. 企业之间支付的股息红利　　D. 企业内机构之间支付的租金

24. 下列支出中，可以从应纳税所得额中据实扣除的是(　　)。

A. 建造固定资产过程中向银行借款的利息　　B. 诉讼费用
C. 对外投资的固定资产计提的折旧费　　D. 业务招待费支出

25. 根据企业所得税法的规定，除税收法律、行政法规另有规定外，居民企业所得税的纳税地点为(　　)。

A. 纳税人的核算所在地　　B. 的实际经营管理机构所在地
C. 纳税人的劳务发生地　　D. 纳税人的登记注册地

26. 根据企业所得税法规定，以非货币形式取得的收入，应当按(　　)确定收入额。

A. 账面价值　　B. 账面净值
C. 公允价值　　D. 市场价值+相关税费

27. 纳税人发生下列支出中，可以在企业所得税税前扣除的是(　　)。

A. 合同违约金　　B. 环保部门的罚款
C. 司法机关所处的罚金　　D. 税务机关加收的税收滞纳金

28. 美国企业在中国境内未设立机构场所，其取得的来源于中国境内的所得，实际应按(　　)税率征收企业所得税。

A. 10%　　B. 20%

C. 15%　　D. 25%

29. 假定某企业2019年度境内应纳税所得额为100万元，适用25%的企业所得税率。该企业在A国设有分支机构，A国分支机构的应纳税所得额为50万元，A国税率为20%，在A国缴纳了10万元的企业所得税，则该企业2019年在我国应缴纳的企业所得税是(　　)万元。

A. 15　　B. 25

C. 27.5　　D. 37.5

二、多项选择题

1. 下列企业中符合《企业所得税法》所称居民企业的有(　　)。

A. 依照中国法律、法规在中国境内成立的企业

B. 依照中国法律、法规在中国境外成立的企业

C. 依照外国（地区）法律成立但实际管理机构在中国境内的企业

D. 依照外国（地区）法律成立且实际管理机构在中国境外的企业

2. 下列是非居民企业征税对象的有(　　)。

A. 设立机构、场所取得的来源于中国境内的所得

B. 与其机构、场所有实际联系的中国境外所得

C. 没有设立机构、场所，但是来源于中国境内所得

D. 来源于境外且和境内的机构场所没有实际联系的所得

3. 下列项目中，应计入应纳税所得额的有(　　)。

A. 非金融企业让渡资金使用权的收入

B. 因债权人原因确定无法支付的应付款项

C. 出口货物退还的增值税

D. 将自产货物用于职工福利

4. 企业发生的下列(　　)费用，不得在企业所得税前扣除。

A. 甲为法国公司设在中国境内的机构，当年发生总机构分摊费用50万元

B. 乙企业因接受M公司投资，因此按协议约定乙每年向M公司支付50万元管理费

C. 丙与N同为总公司下设分厂，财务均独立核算，丙租用N设备一台，按约定需支付50万元费用

D. 丁企业向某商业企业借款，当年发生利息25万元，经审核利率未超过同类同期商业银行贷款利率

5. 在计算应纳税所得额时，下列支出不得税前扣除的有(　　)。

A. 土地增值税税款　　B. 企业所得税税款

C. 税收滞纳金　　D. 向环保部门缴纳的罚款

6. 下列各项中，属于《企业所得税法》规定的免税收入的有(　　)。

A. 符合条件的非营利组织的收入

B. 符合条件的居民企业之间的股息、红利等权益性投资收益

C. 财政拨款

D. 国债利息收入

7. 根据企业所得税法律制度的规定，下列各项中，属于不征税收入的有(　　)。

A. 财政拨款　　B. 纳入财政管理的行政事业性收费

C. 纳入财政管理的政府性基金　　D. 教育费附加返还款

8. 下列各项中纳税人在计算应纳税所得额时准予扣除的税金有(　　)。

A. 消费税　　B. 资源税

C. 增值税　　D. 土地增值税

9. 下列各项中，关于企业所得税的收入确认日期，说法正确的有(　　)。

A. 股息、红利等权益性投资收益，除国务院财政、税务主管部门另有规定外，按照被投资方做出利润分配决定的日期确认收入的实现

B. 利息收入，按照合同约定的债务人应付利息的日期确认收入的实现

C. 租金收入，按照合同约定的承租人应付租金的日期确认收入的实现

D. 接受捐赠收入，按照实际收到捐赠资产的日期确认收入的实现

10. 下列各种情形中，应对纳税人采取核定征收企业所得税的有(　　)。

A. 收入总额能够查实，但其成本费用支出不能准确核算的

B. 收入和费用均不能正确核算的

C. 按规定可以不设置账簿的

D. 没有按规定保存有关账簿、凭证资料的

11. 企业实际发生的与取得收入有关的、合理的支出，包括(　　)和其他支出，准予在计算应纳税所得额时扣除。

A. 成本　　B. 费用

C. 损失　　D. 税金

12. 下列关于企业所得税的优惠政策中，说法错误的有(　　)。

A. 企业购置并实际使用规定的环境保护、节能节水、安全生产等专用设备的，该专用设备的投资额的40%可以从企业当年的应纳税额中抵免

B. 创投企业从事国家需要重点扶持和鼓励的创业投资，可以按投资额的70%在投资当年抵扣应纳税所得额

C. 企业综合利用资源，生产符合国家产业政策规定的产品所取得的收入，可以在计算应纳税所得额时减计收入10%

D. 采取缩短折旧年限方法的，最低折旧年限不得低于规定折旧年限的50%

13. 根据企业所得税法的规定，下列对说法不正确的有(　　)。

A. 企业自年度终了之日起4个月内，向税务机关报送年度企业所得税纳税申报表，并汇算清缴，结清应缴应退税款

B. 企业在年度中间终止经营活动的，应当自实际经营终止之日起30日内，向税务机关办理当期企业所得税汇算清缴

C. 企业清算时，应当以清算期间作为一个纳税年度

D. 企业所得税按年计征，分月或者分季预缴，年终汇算清缴，多退少补

三、判断题

1. 企业实际发生的与取得收入有关的、合理的支出，准予在计算应纳所得额时扣除。（　）

2. 在计算应纳税所得额时，违反税法规定被处的罚款不得扣除，但税收滞纳金可以扣除。（　）

3. 企业按照法律、行政法规有关规定提取的用于环境保护、生态恢复等专项资金，准予扣除。（　）

4. 居民企业是指依法在中国境内成立或者依照外国法律成立但在中国境内实际从事生产经营的企业。（　）

5. 居民企业转让资产，该项资产的损失净额，准予在计算应纳税所得额时扣除。（　）

6. 非居民企业在中国境内未设立机构、场所，其来源于中国境内的所得应缴纳的所得税，以支付人为扣缴义务人。（　）

7. 动产转让所得应按照转让动产的企业或者机构、场所所在地，确定是否为取得来源于中国境内所得。（　）

8. 企业发生的职工教育经费支出，不超过工资薪金总额 2.5% 的部分准予扣除；超过部分准予在以后纳税年度结转扣除。（　）

9. 企业使用或者销售的存货的成本计算方法，可以在先进先出法、后进先出法、加权平均法、个别计价法中选用一种，计价方法一经选用，不得随意变更。（　）

10. 母公司以管理费形式向子公司提取费用，子公司因此支付给母公司的管理费，不得在税前扣除。（　）

11. 在中国境内未设立机构、场所的，或者虽设立机构、场所但取得的所得与其所设机构、场所没有实际联系的非居民企业，就其取得的来源于中国境内的所得应缴纳的所得税，实行源泉扣缴，以支付人为扣缴义务人。（　）

12. 企业所得税纳税人用于公益性捐赠支出的扣除比例，不得超过年度应纳税所得额的 12%。（　）

13. 在中国境内未设立机构、场所的，或者虽设立机构、场所但取得的所得与其所设机构、场所没有实际联系的非居民企业，其股息、红利等权益性投资收益和利息、租金、特许权使用费所得，以收入全额为应纳税所得额。（　）

四、案例分析题

某居民企业 2019 年度生产经营情况如下：

1. 销售产品取得不含税收入 9 000 万元；

2. 产品销售成本 3 500 万元、税金及附加 200 万元、销售费用 1 000 万元；财务费用 200 万元；管理费用 1 200 万元（其中包括业务招待费 40 万）；

3. 与销售产品有关的营业外支出 800 万元（其中直接捐赠支出 60 万元）；

4. 全年计入成本费用的工资总额是 800 万元，发生职工工会经费、职工教育经费、职工福利费分别为 50 万元、80 万元、100 万元。

要求：根据上述资料，回答下列问题：

（1）2019年该企业在税前准予扣除的营业外支出是（　　）元。

A. 800　　B. 780

C. 740　　D. 700

（2）2019年三项经费应调整应纳税所得额是（　　）元。

A. 76　　B. 50

C. 94　　D. 56

（3）下列选项中，说法正确的是（　　）。

A. 直接捐赠不能在税前扣除

B. 直接捐赠支出可以在会计利润的12%以内限额扣除

C. 税前允许扣除的业务招待费24万元

D. 税前允许扣除的业务招待费40万元

五、计算题

1. 某企业某年有关资料如下：产品销售收入400万元；产品销售成本250万元；产品销售费用20万元；管理费用8万元，其中，业务招待费4万元；财务费用6万元；购买某公司债券利息收入6万元；对外投资20万元；无形资产开发费用5万元；通过民政部门向灾区捐款20万元；非广告性赞助支出，赞助模特大赛10万元；全年支付税金：增值税25万元、城市维护建设税、教育费附加6.8万元。

要求：计算企业全年应缴纳的企业所得税。

2. 甲企业2019年在损益表中反映的利润总额为300万元，经某会计师事务所检查，涉及利润表的有关事项有：

（1）取得国库券利息收入3万元；

（2）以经营租赁方式租入设备一台，租赁期2年，一次性支付租金30万元，已经计入其他业务支出；

（3）向希望工程捐款5万元，其中，4万元捐赠给希望工程基金会，1万元是企业对贫困地区的直接捐赠，均已计入营业外支出；

（4）该企业按应收账款余额的1%提取坏账准备金，应收账款期末余额为100万元，企业提取坏账准备金1万元，已计入管理费用。

要求：计算该企业2019年度应缴纳的企业所得税。

3. 某市居民企业2019年度主营业务收入1 625万元，转让专有技术取得收入160万元，专有技术成本80万元，出租专有技术取得租金收入30万元，主营业务成本700万元，税金及附加为25万元，三项费用合计326万元，其中业务招待费13万元，广告费50万元；营业外支出3.5万元，其中0.2万元的交通罚款，当期支付2012年的税收滞纳金2万元；当期用自产货物投资，同类售价80万元，货物成本38万元，企业只是按照成本进行了结转。不考虑其他税费，根据以下问题分别计算：

（1）该企业应纳增值税；
（2）会计利润；
（3）业务招待费应调整的应纳税所得额；
（4）广告费、业务宣传费应调整的应纳税所得额；
（5）营业外支出应调整的应纳税所得额；
（6）应纳税所得额；
（7）应纳所得税。

4. 某汽车轮胎厂（以下简称企业）2017 年应纳税所得额为 -10 万元，2018 年应纳税所得额为 -15 万元。2019 年度有关经营情况如下：

全年实现产品销售收入 5 030 万元，固定资产盘盈收入 20 万元，取得国家发行的国债利息收入 20 万元；2019 年度结转产品销售成本 3 000 万元；缴纳增值税 90 万元，消费税 110 万元，城市维护建设税 14 万元，教育费附加 6 万元；发生产品销售费用 250 万元（其中广告费用 150 万元）；发生财务费用 12 万元（其中因逾期归还银行贷款，支付银行罚息 2 万元），发生管理费用 802 万元（其中新产品研究开发费用 90 万元）；发生营业外支出 70 万元（其中含通过当地政府部门向农村某小学捐赠款 20 万元，因排污不当被环保部门罚款 1 万元）；全年已提取未使用的职工教育经费 2 万元。

要求：根据所给资料，计算该厂 2019 年应缴纳的企业所得税。

5. 某国有生产企业 2019 年度取得产品销售收入 800 万元，取得国债利息收入 20 万元，固定资产盘盈收入 18 万元，教育费附加返还款 2 万元，从 A 联营企业分回的利润 85 万元（A 联营企业是高新技术企业，所得税税率 15%），B 联营企业分回的利润 75 万元（B 联营企业税率 25%）。

当年产品销售成本 550 万元，销售费用 60 万元，财务费用 30 万元（其中有向本企业职工集资年利息支出 20 万，集资款总额 200 万，银行同期贷款年利率 7%），管理费用 80 万元（其中包括新产品研究开发费用 30 万元），缴纳销售税金及附加 20 万元，缴纳增值税 50 万元。该企业 2018 年的经营亏损为 40 万元。

要求：根据以上资料，计算 2019 年应纳所得税额。

6. 某工业企业职工 80 人，总资产 1 000 万元，2019 年实现销售收入 8 000 万元，销售成本 6 500 万元，销售费用 850 万元（其中广告费和业务宣传费 200 万元），管理费用 500 万元（其中招待费 20 万元，符合条件的技术开发费 15 万元），财务费用 150 万元（其中从金融机构借款利息支出 100 万元，银行贷款年利率为 8%，从其他企业拆借资金 500 万元，协议年利率 10%，利息支出 50 万元）。

要求：计算其当年应纳企业所得税额。

7. 某企业 2019 年度财务报表数据如下：主营业务收入 8 350 万元，营业成本 7 080 万元，税金及附加 120 万元，财务费用 3 万元，管理费用 12 万元，营业外收支净额 5.6 万元（其中营业外支出列支行政罚款 3 万元），国债利息收入 2 万元，境外投资分得税后利润

40万元，该企业提供国外缴纳企业所得税凭证一张，已纳税额13.5万元。

要求：计算该企业应纳企业所得税额。

职业实践能力训练

一、训练目标

1. 能够正确计算年终汇算清缴应补（退）企业所得税额。
2. 能正确填写企业所得税纳税申报表及附表，办理企业所得税年度纳税申报。

二、工作任务

1. 请计算精美仪器制造有限公司年终汇算清缴应补（退）企业所得税额。
2. 填写企业所得税纳税申报表（见表5－1）。

三、实训材料

（一）企业基本情况

企业名称：精美仪器制造有限公司

企业性质：集体企业（增值税一般纳税人）

纳税人识别号：45600000000000123

（二）业务资料

2019年资产总额是2 800万元，在职职工人数80人，全年经营业务如下：

（1）取得销售货物收入2 500万元；

（2）销售成本1 343万元；

（3）发生销售费用670万元（其中广告费450万元）；管理费用400万元（其中业务招待费15万元）；财务费用60万元；

（4）销售税金160万元（含增值税120万元）；

（5）投资收益25万元（含国债利息收入5万元，从境内居民企业分回的股息收入20万元）；

（6）营业外收入70万元（全部为罚款收入），营业外支出50万元（含通过公益性社会团体向贫困山区捐款10万元，支付税收滞纳金6万元）；

（7）计入成本、费用中的实发工资总额150万元、拨缴职工工会经费3万元、支出职工福利费和职工教育经费29万元，经核定职工福利费和教育经费均超过扣除限额；

（8）按季预缴所得税额已预缴税额80万元。

表 5－1　　中华人民共和国企业所得税年度纳税申报表（A 类）

A100000

行次	类别	项　　目	金　额
1	利润总额计算	一、营业收入（填写 A101010 \ 101020 \ 103000）	
2		减：营业成本（填写 A102010 \ 102020 \ 103000）	
3		减：税金及附加	
4		减：销售费用（填写 A104000）	
5		减：管理费用（填写 A104000）	
6		减：财务费用（填写 A104000）	
7		减：资产减值损失	
8		加：公允价值变动收益	
9		加：投资收益	
10		二、营业利润（1－2－3－4－5－6－7＋8＋9）	
11		加：营业外收入（填写 A101010 \ 101020 \ 103000）	
12		减：营业外支出（填写 A102010 \ 102020 \ 103000）	
13		三、利润总额（10＋11－12）	
14	应纳税所得额计算	减：境外所得（填写 A108010）	
15		加：纳税调整增加额（填写 A105000）	
16		减：纳税调整减少额（填写 A105000）	
17		减：免税、减计收入及加计扣除（填写 A107010）	
18		加：境外应税所得抵减境内亏损（填写 A108000）	
19		四、纳税调整后所得（13－14＋15－16－17＋18）	
20		减：所得减免（填写 A107020）	
21		减：弥补以前年度亏损（填写 A106000）	
22		减：抵扣应纳税所得额（填写 A107030）	
23		五、应纳税所得额（19－20－21－22）	
24	应纳税额计算	税率（25%）	
25		六、应纳所得税额（23×24）	
26		减：减免所得税额（填写 A107040）	
27		减：抵免所得税额（填写 A107050）	
28		七、应纳税额（25－26－27）	
29		加：境外所得应纳所得税额（填写 A108000）	
30		减：境外所得抵免所得税额（填写 A108000）	
31		八、实际应纳所得税额（28＋29－30）	
32		减：本年累计实际已缴纳的所得税额	
33		九、本年应补（退）所得税额（31－32）	
34		其中：总机构分摊本年应补（退）所得税额（填写 A109000）	
35		财政集中分配本年应补（退）所得税额（填写 A109000）	
36		总机构主体生产经营部门分摊本年应补（退）所得税额（填写 A109000）	

职业拓展能力训练

拓展训练一

华达企业集团2019年6月18日对集团公司内部的经营情况进行分析，发现A企业今年产销两旺，预计2016年实现销售收入78 350万元，比上年增长43%，利润8 520万元，比上年增长51%；而该企业集团内部的B企业却遇到了非常情况，2016年预计实现销售收入13 050万元，比上年下降27%，发生亏损340万元，比上年下降34%。假设该企业集团的甲乙两企业的所得税适用税率都是25%。

考虑到集团公司的整体利益，鉴于A企业的部分产品与B企业属于同一类型。2016年6月，集团财务处建议将A企业的生产的产品与乙企业相似的甲生产线租赁给乙企业，租赁费为50万元。甲生产线价值为2 000万元，该设备每年生产产品的利润为500万元，该建议得到集团公司董事会的批准，并于6月30日实施。

通过集团内部的A企业、B企业之间通过租赁活动能够为企业节税的金额是多少？

拓展训练二

天晟公司为了改善工作环境和提升企业形象，于2019年11月～12月斥资560万元，对原值为2 000万元的办公楼（折旧年限20年，已使用6年）进行了装修，相关费用已经全额计入了当期损益。从税收角度分析，公司支付的装修费用占到了房屋原值的28%（560÷2 000×100%），按税法规定，不能直接进入本期费用予以税前扣除，应该作为资本性支出，每年以计提折旧的形式分期（从2016年1月份开始）摊入成本。因此，公司在申报2019年度企业所得税时，需要调增560万元的应纳税所得额。

假定条件不变，天晟公司改变装修方案，把原有工程分成一期（费用320万元）和二期（费用240万元）进行，并将二期工程延至2016年12月开工并完成。这样操作给能够为企业节税的金额是多少？

6 项目六 个人所得税计算与申报

知识回顾

一、基本概念

1. 个人所得税

个人所得税是以个人（即自然人）取得的各项应税所得为征税对象所征收的一种税。

2. 个人所得税的纳税人

个人所得税的纳税人是指在中国境内有住所，或者无住所而一个纳税年度内在中国境内居住累计满 183 天的个人，以及在中国境内无住所又不居住，或者无住所而一个纳税年度内在中国境内居住累计不满 183 天的个人。包括中国公民、个体工商户、外籍个人，以及香港、澳门、台湾同胞等。

3. 居民个人

在中国境内有住所，或者无住所而一个纳税年度内在中国境内居住累计满 183 天的个人，为居民个人。

4. 非居民个人

在中国境内无住所又不居住，或者无住所而一个纳税年度内在中国境内居住累计不满 183 天的个人，为非居民个人。

二、所得来源地确定依据

（1）工资、薪金所得，以纳税人任职的、受雇的公司、企业、事业单位、机关、团体、部队、学校等单位的所在地为所得来源地。

（2）生产、经营所得，以生产经营活动实现地为所得来源地。

（3）劳务报酬所得，以纳税人实际提供劳务报酬的地点为所得来源地。

（4）不动产转让所得，以不动产坐落地为所得来源地；动产转让所得，以实现转让的地点为所得来源地。

（5）财产租赁所得，以被租赁财产的使用地为所得来源地。

（6）利息、股息、红利所得，以支付利息、股息、红利的企业、机构、组织的所在地为所得来源地。

（7）特许权使用费所得，以特许权的使用地为所得来源地。

三、个人所得税的计算

1. 居民个人工资、薪金所得预扣预缴的计算

累计预扣预缴应纳税所得额 = 累计收入 - 累计免税收入 - 累计减除费用 - 累计专项扣除 - 累计专项附加扣除 - 累计依法确定的其他扣除

本期应预扣预缴税额 =（累计预扣预缴应纳税所得额 × 预扣率 - 速算扣除数）- 累计减免税额 - 累计已预扣预缴税额

2. 劳务报酬所得应预扣预缴税额的计算

应预扣预缴税额 =（收入 - 费用）× 预扣率 - 速算扣除数

3. 特许权使用费所得应预扣预缴税额的计算

应预扣预缴税额 =（收入 - 费用）×20%

4. 稿酬所得应预扣预缴税额的计算

应预扣预缴税额 =（收入 - 费用）×70% ×20%

5. 综合所得年应纳税额的计算

综合所得年应纳税额 = 应纳税所得额 × 适用税率 - 速算扣除数

应纳税所得额 = 每一纳税年度收入总额 - 费用 60 000 元 - 专项扣除 - 专项附加扣除 - 其他扣除

职业判断能力训练

一、单项选择题

1. 投资人、合伙人来源于境内注册的个人独资企业、合伙企业生产、经营的所得征收（　　）。

A. 企业所得税　　B. 不征税

C. 免税　　D. 个人所得税

2. 居民个人应依法缴纳个人所得税的所得是指(　　)。

A. 从中国境内和境外取得的所得　　B. 从中国境内取得的所得

C. 从中国境外取得的所得　　D. 中国境内取得的工资薪金所得

3. 下列所得属于来源于中国境内所得的是(　　)。

A. 中国公民在中国银行纽约分行工作取得的薪水

B. 将财产出租给在英国的中国公民使用

C. 日本公民受雇于中国境内的中日合资公司取得的工资

D. 中国专家将专利权提供给韩国境内公司使用取得的所得

4. 下列收入中，应按“劳务报酬所得”征收个人所得税的是(　　)。

A. 退休人员再任职取得的收入

B. 从非任职公司取得的董事费收入

C. 从任职公司取得的监事费收入

D. 从任职公司关联企业取得的监事费收入

5. 下列利息收入中应缴纳个人所得税的是(　　)。

A. 国家发行的金融债券利息　　B. 国债利息

C. 储蓄存款利息　　D. 参加企业集资取得的利息

6. 公司职工取得的用于购买企业国有股权的劳动分红，适用的项目为(　　)。

A. 工资薪金所得　　B. 特许权使用费所得

C. 个体工商户的生产经营所得　　D. 利息、股息、红利所得

7. 对企事业单位的承包经营、承租经营所得，包括个人按月或者按次取得的(　　)。

A. 工资、薪金性质的所得　　B. 劳务报酬所得

C. 偶然所得　　D. 特许权使用费所得

8. 个人取得的所得，难以界定应纳税所得项目的，由(　　)。

A. 扣缴义务人确定　　B. 纳税人自行确定

C. 主管税务机关确定　　D. 纳税人与主管税务机关协商确定

9. 下列所得应缴纳个人所得税的是(　　)。

A. 离退休工资　　B. 国债利息

C. 企业债券利息　　D. 保险赔款

10. 下列所得不征个人所得税的是(　　)。

A. 职工取得单位发放的奖金　　B. 个体户取得的经营收入

C. 独生子女补贴　　D. 劳务报酬所得

11. 下列各项个人所得中，不属于稿酬所得征税范围的是(　　)。

A. 文学作品发表取得的所得

B. 文学作品手稿原件公开拍卖的所得

C. 摄影作品发表取得的所得

D. 书画作品发表取得的所得

12. 居民个人取得综合所得适用税率的形式为(　　)。

A. 超额累进税率　　B. 超率累进税率

C. 定额税率　　D. 比例税率

13. 经营所得按适用的税率为(　　)。

A. 定额税率　　B. 比例税率

C. 3% ~35% 的超额累进税率　　D. 5% ~35% 的超额累进税率

14. 个人所得税利息、股息、红利所得，财产租赁所得，财产转让所得和偶然所得适用的比例税率为(　　)。

A. 20%　　B. 30%

C. 10%　　D. 25%

15. 某体育运动员在一次世界性赛事中夺得一枚金牌，国家体育总局（部级单位）奖励该运动员 5 万元奖金，同时几家赞助厂商也向其发奖金共计 10 万元。该运动员的 15 万元奖金所得应(　　)。

A. 全额缴纳个人所得税

B. 全部免纳个人所得税

C. 5 万元奖金免纳个人所得税，10 万元征收个人所得税

D. 减纳个人所得税

16. 下列关于按次计算个人所得税应纳税额的表述错误的是(　　)。

A. 以每次出版、发表取得的收入为一次

B. 属于同一项目连续性收入的，以一个月内取得的收入为一次

C. 同一作品在报刊上连载取得收入的，以连载完成后取得的所有收入合并为一次

D. 财产租赁所得，以每次取得的收入为一次

17. 同一学历（学位）继续教育的扣除期限不能超过(　　)。

A. 48 个月　　B. 24 个月

C. 12 个月　　D. 6 个月

18. 下列表述不正确的是(　　)。

A. 个人发表一篇作品，出版单位分三次支付稿酬，则这三次稿酬应合并为一次征税

B. 个人在两处出版同一作品而分别取得稿酬，则应分别单独纳税

C. 个人的同一作品连载之后又出书取得稿酬的收入视同再版稿酬分别征税

D. 因作品加印而获得稿酬，应就此次稿酬单独纳税

19. 个人将其所得用于对教育事业和其他公益事业的捐赠，其捐赠额未超过应纳税所得额(　　)的部分，可在税前扣除。

A. 3%　　B. 10%

C. 20%　　D. 30%

20. 下列收入中，直接按 20% 的税率计算缴纳个人所得税的项目是(　　)。

A. 本公司工资收入 15 万元　　B. 体育彩票中奖收入 5 万元

C. 个体经营收入 30 万元　　D. 兼职单位工资和奖金收入 2 万元

21. 某单位高级工程师蒋先生于 2019 年 1 月取得一项特许权使用费收入 3 000 元，同月又取得另外一项特许权使用费收入 4 500 元。蒋先生这两项收入应预缴的个人所得税为(　　)。

A. 1 160 元　　B. 1 200 元

C. 1 340 元　　D. 1 500 元

22. 王先生在参加商场的有奖销售过程中，中奖所得共计价值 20 000 元。王先生领奖时从中奖收入中拿出 4 000 元通过教育部门向农村义务教育捐赠。王某中奖所得应预缴个人所得税(　　)。

A. 2 560 元　　B. 2 800 元

C. 3 200 元　　D. 4 000 元

23. 田某系某大型企业职工，2019 年 3 月取得国债利息收入 2 000 元，从所在企业取得企业集资利息收入 1 000 元。本月田某利息收入应缴纳的个人所得税为(　　)。

A. 50 元　　B. 0 元

C. 200 元　　D. 600 元

24. 某平面设计师程某为一公司设计了一个平面广告，取得设计收入 23 000 元。该设计师应预缴的个人所得税为(　　)。

A. 3 520 元　　B. 3 680 元

C. 4 600 元　　D. 4 900 元

25. 扣缴义务人办理代扣税款时间为次月(　　)。

A. 15 日内　　B. 5 日内

C. 10 日内　　D. 20 日内

26. 下列取得综合所得的纳税人，应当依法办理汇算清缴，不包括(　　)。

A. 从两处以上取得综合所得，且综合所得年收入额减除专项扣除后的余额超过 5 万元

B. 取得劳务报酬所得、稿酬所得、特许权使用费所得中一项或者多项所得，且综合所得年收入额减除专项扣除的余额超过 6 万元

C. 纳税年度内预缴税额低于应纳税额

D. 纳税人申请退税

二、多项选择题

1. 下列属于居民个人的有(　　)。

A. 在中国境内有住所

B. 在中国境内无住所而一个纳税年度内在中国境内居住累计满 183 天的个人

C. 在中国境内无住所而一个纳税年度内在中国境内居住累计满 83 天的个人

D. 在中国境内无住所而一个纳税年度内在中国境内居住累计满 90 天的个人

2. 在中国境内无住所的个人，在计算缴纳个人所得税时，下列表述正确的有(　　)。

A. 在中国境内居住累计满 183 天的年度连续不满 6 年的，经向主管税务机关备案，其来源于中国境外且由境外单位或者个人支付的所得，免予缴纳个人所得税

B. 在中国境内居住累计满 183 天的年度连续不满 6 年的，任一年度中有一次离境超过 30 天的，其在中国境内居住累计满 183 天的年度的连续年限重新起算

C. 在一个纳税年度内在中国境内居住累计不超过 90 天的，其来源于中国境内的所

得，由境外雇主支付并且不由该雇主在中国境内的机构、场所负担的部分，免予缴纳个人所得税

D. 在一个纳税年度内在中国境内居住累计不超过90天的，其来源于中国境内的所得，由境外雇主支付并且不由该雇主在中国境内的机构、场所负担的部分，应缴纳个人所得税

3. 下列哪些收入不征收个人所得税的包括(　　)。

A. 独生子女补贴

B. 执行公务员工资制度未纳入基本工资总额的补贴，津贴差额和家属成员的副食品补贴

C. 托儿补助费

D. 通讯补贴

4. 下列各项中，应当按照工资、薪金所得项目征收个人所得税的有(　　)。

A. 劳动分红　　B. 独生子女补贴

C. 差旅费津贴　　D. 超过规定标准的误餐费

5. 下列各项中，属于个人所得税应税项目的有(　　)。

A. 劳务报酬所得　　B. 稿酬所得

C. 保险赔款所得　　D. 彩票中奖所得

6. 下列所得中，按“工资、薪金所得”缴纳个人所得税的有(　　)。

A. 编剧从任职单位取得的剧本使用费

B. 雇主为员工购买的商业性补充养老保险

C. 个人从任职的上市公司取得的股票增值权所得

D. 任职、受雇于报社、杂志社等单位的记者、编辑等专业人员，在本单位的报刊、杂志上发表作品取得的所得

7. 居民个人取得综合所得按纳税年度合并计算个人所得税包括(　　)。

A. 工资、薪金所得　　B. 劳务报酬所得

C. 稿酬所得　　D. 财产转让所得

8. 关于非居民个人取得综合所得计税表述正确的有(　　)。

A. 按月或者按次分项计算个人所得税

B. 按纳税年度合并计算个人所得税

C. 按月换算后，按适用3%～45%的超额累进税率，计算缴纳个人所得税

D. 一律适用20%的税率计算缴纳个人所得税

9. 下列各项中，免征或暂免征收个人所得税的有(　　)。

A. 个人取得的保险赔款

B. 军人的转业安置费

C. 国家金融债券利息收入

D. 外籍个人以现金形式取得的住房补贴和伙食补贴

10. 综合所得年应纳税所得额计算时，允许扣除的费用包括(　　)。

A. 专项扣除　　B. 专项附加扣除

C. 依法确定的其他扣除　　D. 个人发生的全部支出

11. 居民个人按照国家规定的范围和标准缴纳下列项目，可以扣除的包括(　　)。

A. 基本养老保险　　B. 基本医疗保险

C. 失业保险　　D. 住房公积金

12. 有关纳税人发生的首套住房贷款利息支出扣除的表述正确的有(　　)。

A. 在实际发生贷款利息的年度扣除

B. 按照每月 1 000 元的标准定额扣除

C. 扣除期限最长不超过 120 个月

D. 纳税人只能享受一次首套住房贷款的利息扣除

13. 实行个人所得税全员全额扣缴申报的应税所得包括(　　)。

A. 工资、薪金所得　　B. 劳务报酬所得

C. 稿酬所得　　D. 特许权使用费所得

14. 扣缴义务人办理代扣税款，向主管税务机关报送的资料包括(　　)。

A. 支付所得的所有个人的有关信息　　B. 支付所得数额

C. 扣除事项和数额　　D. 扣缴税款的具体数额和总额

三、判断题

1. 在中国境内有住所，或者无住所而一个纳税年度内在中国境内居住累计满 183 天的个人，为居民个人。(　　)

2. 个人独资企业、合伙企业不缴纳企业所得税，只对投资人、合伙人来源于境内注册的个人独资企业、合伙企业生产、经营的所得征收个人所得税。(　　)

3. 不动产转让所得，以实现转让的地点为所得来源地。(　　)

4. 利息、股息、红利所得，以支付利息、股息、红利的企业、机构、组织的所在地为所得来源地。(　　)

5. 将财产出租给承租人在中国境内使用而取得的所得为来源于中国境内的所得。(　　)

6. 托儿补助费，差旅费津贴、误餐补助不属于工资、薪金性质的补贴、津贴不征税。(　　)

7. 偶然所得，是指个人得奖、中奖、中彩以及其他偶然性质的所得。(　　)

8. 工资、薪金所得，劳务报酬所得，稿酬所得，特许权使用费所得四项所得为综合所得。居民个人取得综合所得按纳税年度合并计算个人所得税(　　)

四、案例分析题

作家张某任职于国内某软件公司，2019 年取得的收入如下：

(1) 2 月将其摄影作品出版获得稿酬 5 000 元，7 月份该摄影作品再版获得稿酬 3 000 元。

(2) 3 月出版短篇小说，取得稿酬 7 000 元，8 月取得因添加印数而追加稿酬 2 500 元。

(3) 4 月起将其一篇长篇小说在报刊上连载，共连载 5 次，每次取得收入 4 000 元，当年 10 月连载完成。

（4）取得省级人民政府颁发的文化奖金13 000元。

（5）取得特许权的经济赔偿收入2 000元。

（6）11月按市场价格出租住房，当月取得不含税租金收入15 000元，当月出租住房 过程中缴纳的可以税前扣除的税费合计为900元，由张某负担的修缮费用600元，均取得合法票据。

要求：

根据上述资料，回答下列问题。

（1）张某出版摄影作品和短篇小说，取得的稿酬应预缴的个人所得税合计为（　　）。

A. 5 000×(1－20%)×20%＋(3 000－800)×20%＋7 000×(1－20%)×20%＋(2 500－800)×20%＝2 700（元）

B. 5 000×(1－20%)×20%×(1－30%)＋(3 000－800)×20%×(1－30%)＋(7 000＋2 500)×(1－20%)×20%×(1－30%)＝1 932（元）

C. (5 000＋3 000)×(1－20%)×20%×(1－30%)＋7 000×(1－20%)×20%×(1－30%)＋(2 500－800)×20%×(1－30%)＝1 918（元）

D. (5 000＋3 000)×(1－20%)×20%＋(7 000 ＋ 2 500)×(1－20%)×20%＝2 800（元）

（2）张某在报刊上连载长篇小说，取得的稿酬应预缴的个人所得税为（　　）。

A. 3 136元　　B. 2 240元

C. 448元　　D. 2 688元

（3）下列关于张某取得的文化奖金和经济赔偿收入的税务处理，说法正确的是（　　）。

A. 张某取得的省级人民政府颁发的文化奖金，免征个人所得税

B. 张某取得的省级人民政府颁发的文化奖金，应计算缴纳个人所得税

C. 张某取得的特许权的经济赔偿收入，免征个人所得税

D. 张某取得的特许权的经济赔偿收入，应按照“特许权使用费所得”项目计算缴纳个人所得税

（4）11月张某出租住房，应缴纳的个人所得税为（　　）。

A. 1 000元　　B. 1 064元

C. 1 080元　　D. 1 270元

五、计算题

1. 某大学教授容某2019年取得如下收入：

（1）每月工资收入3 800元；

（2）一次性稿费收入6 000元；

（3）为其他公司提供技术咨询，一次性取得报酬22 000元；

（4）出租用于居住的住房，租期1年，月租金收入为2 000元，7月份和8月份各发生修缮费用700元；

（5）到期国债利息收入1 286元。

请计算容某各项所得应纳应纳个人所得税额。

2. 2019 年 5 月，陆飞到某大学讲座，取得一次性劳务报酬 20 000 元；7 月在杂志上发表一篇短篇小说，取得稿酬所得 5 000 元；8 月，转让一项个人专利取得收入 20 000元。

请计算以上收入的应扣缴个人所得税税额。

3. 甲企业员工王虎，2019 年每月应发工资均为 12 000 元，每月减除费用 5 000 元，“三险一金”等专项扣除为 1 200 元，作为独生子女赡养老人专项扣除 2 000 元，两个孩子教育专项扣除 2 000 元。

请计算王虎工资每月应代扣代缴个人所得税额。

4. 2019 年，王女士每月都从济南市的 A、B 两家金融公司拿工资。这两家金融公司一家位于历下区，一家位于历城区，A、B 两家每月支付给林女士的工资分别为 16 000 元、5 600 元。

除此之外，2019 年王女士还有以下几项收入：

（1）按国务院规定发放的政府特殊津贴每月 200 元；

（2）客串电视台某法律节目，每月取得劳务收入 8 000 元，电视台按规定扣缴税款 1 280 元；

（3）出版一本科技专著，取得收入 50 000 元，出版社已代扣税款 5 600 元；同年，该专著被 12 家部委联合评选为大奖赛特等奖，奖金 30 000 元；又被某市（地级市）评选得奖，奖金 10 000 元，已代扣税款 2 000 元；

（4）家中被盗，保险公司根据林女士所购买的财产险，赔偿 30 000 元。

请计算林女士 2019 年应缴个人所得税额。

职业实践能力训练

一、训练目标

能够计算应纳个人所得税税额。

二、工作任务

请计算张某 2019 年 7 月份各项所得应预扣预缴个人所得税额。

三、实训材料

张某 2019 年 7 月份取得以下几笔收入：

（1）张某于 2019 年 5 月发表一部长篇小说，获得稿酬 10 000 元（已缴纳个人所得税），因该小说畅销，本月又加印该小说取得稿酬 2 000 元。并且，该小说在本月获得国家文学奖，取得奖金 5 000 元。

（2）张月本月将一篇短篇小说文稿拍卖，取得收入 30 000 元。

（3）张某本月初将其于市中心自有两间 120 平方米的门面房，出租给陈经营服装。协议规定，租用期 1 年，年租金 96 000 元，本月取得租金收入 8 000 元。另外，本月支付该出租房发生的修缮费用 500 元，取得普通发票，本月允许扣除的税费合计 1 496 元均已缴纳，并取得税票。

（4）张某因购买体育彩票中奖取得奖金 100 000 元，其中 40 000 元通过民政部门捐赠给灾区。

7 项目七 其他税费计算与申报

知识回顾

一、相关概念

1. 房产税

房产税是以房屋为征税对象，按照房屋的计税余值或出租房屋的租金收入向产权所有人征收的一种财产税。

2. 契税

契税，是指国家在土地、房屋权属转移时，按照当事人双方签订的合同（契约），以及所确定价格的一定比例，向权属承受人征收的一种税。

3. 城镇土地使用税

城镇土地使用税是以城镇土地为征税对象，对拥有土地使用权的单位和个人征收的一种税。

4. 车船税

车船税是对在我国境内车船管理部门登记的车辆、船舶，按照车船的种类和规定的税额计算征收的一种税。

5. 印花税

印花税是对经济活动和经济交往中书立、领受各种应税凭证的行为征收的一种税。

6. 资源税

资源税是我国对境内开采或者生产应税资源的单位和个人，就其销售额或销售数量征收的一种税。

7. 土地增值税

土地增值税是对转让国有土地使用权、地上建筑物及其附着物并取得收入的单位和个人就其转让房地产所取得的增值额征收的一种税。

8. 城市维护建设税

城市维护建设税是国家对缴纳增值税、消费税的单位和个人，以其实际缴纳的税额为计税依据而征收的一种税。

9. 环境保护税

环境保护税是为了保护和改善环境、减少污染物排放，推进生态文明建设而征收的一种税。

二、其他税费的计算

（一）房产税的计算

从价计征房产税应纳税额的计算公式为：

应纳税额 = 房产余值 ×1.2%

从租计征房产税应纳税额的计算公式为：

应纳税额 = 房产租金收入 ×12%

（二）契税的计算

契税应纳税额依照省、自治区、直辖市人民政府确定的适用税率和税法规定的计税依据计算征收。其计算公式为：

应纳税额 = 计税依据 × 税率

（三）城镇土地使用税的计算

按纳税人实际占用的土地面积和规定的税额按年计算，分期纳税。其计算公式为：

年度应纳税额 = 应税土地实际占用面积 × 适用单位税额

月（或季、半年）度应纳税额 = 年度应纳税额 ÷12（或4、2）

（四）车船税的计算

1. 载客汽车、摩托车三轮汽车、低速货车

应纳税额 = 应税车辆数量 × 单位税额

2. 载货汽车

应纳税额 = 自重吨位数 × 单位税额

3. 船舶

应纳税额 = 船舶净吨位数量 × 单位税额

4. 拖船和非机动驳船

应纳税额 = 净吨位数 × 单位税额 ×50%

（五）印花税的计算

1. 按照比例税率计算应纳税额的方法

应纳税额 = 计税金额 × 适用税率

2. 按照定额税率计算应纳税额的方法

应纳税额 = 计税凭证数量 × 单位税额

（六）资源税的计算

从价定率计征：

应纳税额 = 销售额 × 适用税率

从量定额计征：

应纳税额 = 课税数量 × 单位税额

（七）土地增值税的计算

应纳土地增值税额 = 增值额 × 适用税率

增值额 = 转让房地产收入 − 扣除项目金额

土地增值税的计算公式为：

应纳税额 = ∑（每级距的土地增值额 × 适用的税率）

为了简便土地增值税的计算，一般可采用速算扣除法计算。速算扣除法的计算公式是：

应纳税额 = 增值额 × 适用税率 − 扣除项目金额 × 速算扣除系数

（八）城市维护建设税的计算

城市维护建设税应纳税额的计算公式是：

应纳税额 = 纳税人实际缴纳的增值税、消费税 × 适用税率

（九）环境保护税的计算

应税大气污染物的应纳税额 = 污染当量数 × 具体适用税额

应税水污染物的应纳税额 = 污染当量数 × 具体适用税额

应税固体废物的应纳税额 = 固体废物排放量 × 具体适用税额

应税噪声的应纳税额 = 超过国家规定标准的分贝数对应的具体适用税额

（十）教育费附加的计算

应纳教育费附加 = 实纳增值税、消费税 × 征收比率

职业判断能力训练

一、单项选择题

1. A 公司向 B 汽车运输公司租入 5 辆载重汽车，双方签订的合同规定，5 辆汽车的总价值为 240 万元，租期 10 个月，月租金为 1.28 万元。则 A 公司应缴印花税为

(　　)元。

A. 32　　B. 128

C. 600　　D. 2 400

2. 某单位与一公司6月份签订一份房屋租赁合同，月租金1万元，租期2年。合同由双方单位各执一份，6月份共缴纳印花税为(　　)元。

A. 20　　B. 120

C. 240　　D. 480

3. 按照房产租金收入计算房产税所适用的税率是(　　)。

A. 12%　　B. 10%

C. 5%　　D. 1.2%

4. 房产税的征税对象是(　　)。

A. 塑膜暖房　　B. 围墙

C. 游泳池　　D. 房屋

5. 纳税人自行新建的房屋用于生产经营，应从(　　)起，缴纳房产税。

A. 建成次月　　B. 生产经营当月

C. 生产经营次月　　D. 验收完次月

6. 纳税人开采或者生产应税产品销售的，以(　　)为课税数量。

A. 开采数量　　B. 计划产量

C. 销售数量　　D. 生产数量

7. 资源税纳税人自产自用应税产品的纳税义务发生时间为(　　)。

A. 移送使用应税产品的当天　　B. 应税产品开采的当天

C. 应税产品投入使用的当天　　D. 应税产品全部使用完毕的当天

8. 下列资源中，属于我国资源税的应税资源是(　　)。

A. 森林资源　　B. 矿产资源

C. 人造石油　　D. 土地资源

9. 资源税的纳税义务人不包括(　　)。

A. 在中国境内生产销售应税资源的个人

B. 在中国境内开采应税资源的单位

C. 在中国境内生产自用应税资源的单位

D. 进口应税资源的单位和个人

10. 扣税义务人代扣代缴的资源税，应当向(　　)主管税务机关缴纳。

A. 收购地　　B. 销售地

C. 开采地　　D. 生产所在地

11. 下列油类产品中，应征收资源税的是(　　)。

A. 柴油　　B. 人造石油

C. 天然原油　　D. 汽油

12. 在资源税中，煤炭的征税范围包括(　　)。

A. 选煤　　B. 煤炭制品

C. 原煤　　D. 洗煤

13. 对衰竭期煤矿开采的煤炭资源税减征(　　)。

A. 25%　　B. 30%

C. 40%　　D. 50%

14. 城镇土地使用税的纳税人以(　　)的土地面积为计税依据。

A. 实际占用　　B. 拥有

C. 自用　　D. 被税务部门认定

15. 某企业占用土地面积 16 000 平方米，经税务部门核定，该土地每平方米税额为 5 元，则该企业全年应缴纳的土地使用税(　　)元。

A. 10 万　　B. 8 万

C. 15 万　　D. 12 万

16. 几个单位共同拥有一块土地使用权，则纳税人为(　　)。

A. 其主管部门

B. 税务机关核定的单位

C. 其中实际占用土地面积最大的单位

D. 对这块土地拥有使用权的每一个单位

17. 下列各项中，城镇土地使用税暂行条例直接规定的免税项目是(　　)。

A. 个人所有的居住房屋及院落用地

B. 宗教寺庙自用的土地

C. 民政部门举办的安置残疾人占一定比例的福利工厂用地

D. 个人办的医院、托儿所和幼儿园用地

18. 土地增值税准予免税的房地产交易包括(　　)。

A. 因工作调动出租现有住房　　B. 出售超面积住宅

C. 城建规划征用收回的房地产　　D. 转让营业性非住房

19. 集体所有的土地自行转让(　　)。

A. 属于违法行为　　B. 应予征收土地增值税

C. 对其增值额征收土地增值税　　D. 应予免税

20. 纳税人如果不能按转让房地产项目计算分摊利息支出，其房地产开发费用按地价款加开发成本之和的(　　)计算扣除。

A. 5%之内　　B. 10%

C. 10%以内　　D. 20%以内

二、多项选择题

1. 下列有关房产税的纳税人的表述正确的有(　　)。

A. 产权出典的，承典人为纳税人

B. 产权未确定的，由房产代管人或使用人为纳税人

C. 产权属于国家所有的，不纳税

D. 产权属于个人的，个人为纳税人

2. 根据土地增值税法律制度的规定，下列各项中，不用缴纳土地增值税的有(　　)。

A. 某市房产所有人将房屋产权无偿赠送给他人

B. 某市房产所有人将房屋产权有偿转让给他人
C. 某市土地使用权人通过教育部门将土地使用权赠与某学校
D. 某市土地使用权人将土地使用权出租给某养老院

3. 根据资源税法律制度的规定，下列各项中，属于资源税征税范围的有(　　)。
A. 天然气　　B. 蜂窝煤
C. 液体盐　　D. 黑色金属矿原矿

4. 车船税的纳税义务发生时间为(　　)。
A. 车船管理部门核发的车船登记证书记载的当月
B. 车船管理部门核发的车船登记证书记载的当月
C. 行驶证中记载日期的当月
D. 行驶证中记载日期的次月

5. 下列说法正确的有(　　)。
A. 纳税人购置新商品房，自取得房产证之次月起缴纳房产税
B. 纳税人购置存量房，自取得房产证之次月起缴纳房产税
C. 纳税人出租出借房产，自出租出借之次月起缴纳房产税
D. 纳税人自建房用于生产经营，自建成之月起缴纳房产税

6. 下列各项中，属于城镇土地使用税的纳税人有(　　)。
A. 拥有土地使用权的外商投资企业　　B. 土地的实际使用人
C. 土地的代管人　　D. 土地使用权共有的各方

7. 印花税的纳税人包括(　　)。
A. 立合同人　　B. 立据人
C. 领受人　　D. 使用人

8. 下列各项中，土地增值税应该按房地产评估价格计算征收的有(　　)。
A. 虚报房地产成交价格
B. 不能准确核算出收入和支出项目
C. 提供扣除项目不实
D. 转让房地产成交价格低于房地产评估价格，又无正当理由

9. 根据城镇土地使用税法律制度的规定，城镇土地使用税的征税范围包括(　　)。
A. 城市　　B. 县城
C. 农村　　D. 工矿区

10. 根据车辆购置税法律制度的规定，下列各项中，属于车辆购置税的征税范围的有(　　)。
A. 挂车　　B. 电动车
C. 载货汽车　　D. 摩托车

11. 下列选项中，属于印花税的征税范围的有(　　)。
A. 原始凭证　　B. 土地使用证
C. 购销合同　　D. 专利证

12. 下列选项中，以自重每吨为计税依据的有(　　)。
A. 三轮汽车　　B. 低速货车

C. 载客汽车　　　　　　　　　　　　D. 船舶

13. 下列有关印花税的表述中，正确的有(　　)。

A. 具有合同性质的凭证，以凭证所载金额作为计税依据

B. 融资租赁合同，按借款合同贴花

C. 纳税人以电子形式签订的符合印花税征税范围的凭证，也应该征收印花税

D. 纳税人签订的商品房销售合同，按产权转移书据贴花

14. 下列选项中，不用缴纳土地增值税的有(　　)。

A. 出租房屋并取得收入的行为

B. 以房地产作为抵押向银行贷款的行为

C. 房地产的继承

D. 转让国有土地使用权

三、判断题

1. 目前，外商投资企业缴纳城市房地产税，不缴纳房产税。(　　)

2. 以房产投资联营，投资者参与投资利润分红、共担风险的，按照房产原值作为计税依据计征房产税。(　　)

3. 对房地产开发企业建造的商品房，在出售前，一律不征收房产税。(　　)

4. 境内承受转移土地、房屋权属的单位和个人为契税的纳税人，但不包括外商投资企业和外国企业。(　　)

5. 土地使用权出售时，应以其成交价格作为计税依据计算缴纳契税。(　　)

6. 甲企业以价值300万元的办公用房与乙企业交换一处厂房，并向乙企业支付差价款100万元。在这次厂房交换中，乙企业不需缴纳契税，应由甲企业缴纳。(　　)

7. 公司增资扩股中，对以土地、房屋权属作价入股或作为出资投入企业的，根据税法规定免征契税。(　　)

8. 张某将个人拥有货车租赁给李某使用，张某没有缴纳车船税，则由李某代为缴纳车船税。(　　)

9. 由扣缴义务人代收代缴机动车车船税的，纳税人应当在购买机动车时，由销售方同时扣缴车船税。(　　)

10. 拥有土地使用权的纳税人不在土地所在地的，暂不缴纳城镇土地使用税。(　　)

11. 在未核发土地使用证书的情况下，城镇土地使用权的拥有人可以暂不缴纳城镇土地使用税，待核发土地使用证书后再补缴。(　　)

12. 载有两个或两个以上应适用不同税目税率经济事项的同一凭证，不管是否分别记载金额，都要按税率高的项目计算贴花。(　　)

13. 根据《印花税暂行条例》及其施行细则的规定，财产所有人将财产赠给政府、社会团体、社会福利单位、学校及其他事业单位所立的书据免纳印花税。(　　)

14. 原油属于资源税的征税范围，应缴纳资源税的油类产品包括原油、汽油、人造石油。(　　)

15. 开采原油过程中用于加热、修井的原油，免征资源税。(　　)

16. 资源税仅对在中国境内开采或生产应税产品的单位和个人征收，对进口的矿产

品和盐不征收。 (　　)

17. 土地增值税纳税人转让房地产的，只有取得了货币收入，才需要缴纳土地增值税。 (　　)

18. 纳税人隐瞒、虚报房地产成交价格的，按照房产的购置原价计算征收土地增值税。 (　　)

19. 房地产开发企业在转让房地产时缴纳的印花税不作为“与转让房地产有关的税金”在计算土地增值税的增值额时予以扣除。 (　　)

四、案例分析题

某企业2019年度共计拥有土地65 000平方米，其中免费租给邻近部队训练占地3 000平方米，幼儿园占地1 200平方米，企业内部绿化占地2 000平方米，2018年度的上半年，企业共有房产原值4 000万元，7月1日起企业将原值200万元，占地面积400平方米的一栋仓库出租给某商场存放货物，租期1年，每月租金收入1.5万元。8月10日对委托施工单位安装中央空调的生产车间办理验收手续，由在建工程转入固定资产原值500万元，单项核算。(城镇土地使用税4元/平方米；房产税计算余值的扣除比例20%)

(1) 该企业2019年应缴纳的城镇土地使用税为(　　)元。

A. 223 200　　B. 243 200

C. 240 200　　D. 242 200

(2) 该企业2019年应缴纳的房产税为(　　)万元。

A. 37.44　　B. 37

C. 38.52　　D. 40.68

五、计算题

1. 某居民自有一幢楼房，共16间，其中用于生活居住的3间，用于开餐馆的4间(房屋原值为80 000元)，剩余的9间房出租给某公司，每月共收取租金5 000元。该地区规定按房产原值一次扣除20%后的余值计税。

要求：计算该居民当年应缴纳的房产税。

2. 东北某城市的邮电通讯企业2019年发生如下业务：

年初企业共有房产原值5 000万元，7月1日起企业将原值1 000万元、占地面积4 000平方米的一栋仓库出租给某商场存放货物（签订了租赁合同)，租期1年，每月租金收入10万元，2014年共收取60万元；8月10日职工宿舍完工由在建工程转入固定资产原值500万元。当地适用的房产扣除比例是20%。

要求：计算该邮电通讯企业2019年应缴纳的房产税。

3. 某运输公司拥有并使用以下车辆和船舶：

(1) 从事运输用的自重为2吨的三轮汽车5辆；

(2) 自重5吨载货卡车10辆；

（3）净吨位为 4 吨的拖船 5 辆；

（4）2 辆客车，乘客人数为 20 人。

当地政府规定，载货汽车的车辆税额为 60 元/吨，乘坐 20 人客车税额为 500 元/辆，船舶每年税额 6 元/吨。

要求：计算该公司当年应纳车船税。

4. 某中外合资企业 2019 年 1 月开业，领受房屋产权证、工商营业执照、商标注册证、专利证各一件；开业当月，签订了以下合同：

（1）与银行签订一份借款合同，所载金额为 80 万元；

（2）企业与保险公司签订财产保险合同一份，支付保险费 4 万元；

（3）与某仓库签订一年的货物保管合同，月保管费为 1 000 元；

（4）与某运输企业签订货物运输合同，所载运输费金额 50 万元。

其他资料：营业账簿中实收资本为 300 万元，资本公积金为 100 万元，其他营业账簿 8 本。

要求：计算该企业 1 月应缴纳的印花税。

5. 某煤矿 2019 年 8 月生产经营情况如下：

（1）开采原煤 200 万吨，在采煤过程中生产天然气 25 000 千立方米；

（2）销售原煤 180 万吨，取得不含税销售额 8 500 万元；

（3）销售天然气 2 000 千立方米，取得含税销售额 1 200 万元；

（4）本矿职工食堂、浴室领用本矿开采的原煤 5 000 吨。

已知：原煤税率 5%，天然气税率 6%。

要求：计算该煤矿 8 月份应纳的资源税。

6. 某房地产开发企业转让一块已开发的土地，取得收入 8 000 万元，已知取得该块土地支付的土地使用权出让金为 2 000 万元，开发这块地的成本费用为 1 000 万元，支付的与转让土地有关的税金合计为 500 万元，加计扣除金额为 600 万元。

要求：计算该房地产企业应纳土地增值税。

7. 某房地产开发公司建造一幢普通标准住宅出售，取得销售收入 800 万元（假设城市维护建设税税率为 7%，教育费附加征收率为 3%）。该公司为建造普通标准住宅而支付的地价款为 100 万元，建造此楼投入了 300 万元的房地产开发成本，由于该房地产开发公司同时建造别墅等住宅，对该普通标准住宅所用的银行贷款利息支出无法分摊，该地规定房地产开发费用的计提比例为 10%。

要求：计算该公司转让此普通标准住宅是否应缴纳土地增值税。

8. 某公司 2019 年转让一处旧房地产取得收入 1 600 万元，该公司取得土地使用权所支付的金额为 200 万元，当地税务机关确认的房屋的评估价格为 800 万元，该公司支付给房地产评估机构评估费 20 万元，支付给中介人卖房中介费 10 万元，缴纳的与转让该房地产有关的税金 10 万元。

要求：计算该公司转让该房地产应缴纳的土地增值税税额。

职业实践能力训练

一、训练目标

能在规定期限办理土地增值税纳税申报。

二、工作任务

根据计算题第6题、第8题填制土地增值税纳税申报表（见表7－1、表7－2），办理纳税申报。

三、实训材料

1. 为上文计算题第6题编制土地增值税纳税申报表（见表7－1）。

表7－1 **土地增值税纳税申报表（二）**

（从事房地产开发的纳税人清算适用）

税款所属时间：　年　月　日至　年　月　日　　填表日期：　年　月　日　　金额单位：元至角分

面积单位：平方米

纳税人识别号 | | | | | | | | | | | | | | | | | | | | |

纳税人名称		项目名称		项目编号		项目地址	
所属行业		登记注册类型		纳税人地址		邮政编码	
开户银行		银行账号		主管部门		电　话	

总可售面积				自用和出租面积			
已售面积		其中：普通住宅已售面积		其中：非普通住宅已售面积		其中：其他类型房地产已售面积	

项　目		行次	金　额			
			普通住宅	非普通住宅	其他类型房地产	合计
一、转让房地产收入总额　1＝2＋3＋4		1				
其中	货币收入	2				
	实物收入及其他收入	3				
	视同销售收入	4				
二、扣除项目金额合计　5＝6＋7＋14＋17＋21＋22		5				
1. 取得土地使用权所支付的金额		6				
2. 房地产开发成本　7＝8＋9＋10＋11＋12＋13		7				

续表

项目			行次	金额			
				普通住宅	非普通住宅	其他类型房地产	合计
其中	土地征用及拆迁补偿费		8				
	前期工程费		9				
	建筑安装工程费		10				
	基础设施费		11				
	公共配套设施费		12				
	开发间接费用		13				
3. 房地产开发费用 14 = 15 + 16			14				
其中	利息支出		15				
	其他房地产开发费用		16				
4. 与转让房地产有关的税金等 17 = 18 + 19 + 20			17				
其中	营业税		18				
	城市维护建设税		19				
	教育费附加		20				
5. 财政部规定的其他扣除项目			21				
6. 代收费用			22				
三、增值额 23 = 1 − 5			23				
四、增值额与扣除项目金额之比（%） 24 = 23 ÷ 5			24				
五、适用税率（%）			25				
六、速算扣除系数（%）			26				
七、应缴土地增值税税额 27 = 23 × 25 − 5 × 26			27				
八、减免税额 28 = 30 + 32 + 34			28				
其中	减免税（1）	减免性质代码（1）	29				
		减免税额（1）	30				
	减免税（2）	减免性质代码（2）	31				
		减免税额（2）	32				
	减免税（3）	减免性质代码（3）	33				
		减免税额（3）	34				
九、已缴土地增值税税额			35				
十、应补（退）土地增值税税额 36 = 27 − 28 − 35			36				

以下由纳税人填写：					
纳税人声明	此纳税申报表是根据《中华人民共和国土地增值税暂行条例》及其实施细则和国家有关税收规定填报的，是真实的、可靠的、完整的。				
纳税人签章		代理人签章		代理人身份证号	
以下由税务机关填写：					
受理人		受理日期	年 月 日	受理税务机关签章	

本表一式两份，一份纳税人留存，一份税务机关留存。

2. 为上文计算题第8题编制土地增值税纳税申报表（见表7－2）。

表7－2　　土地增值税纳税申报表（三）

（非从事房地产开发的纳税人适用）

纳税人识别号：

税款所属时间：　年　月　日至　年　月　日　　　　填表日期：　年　月　日

金额单位：元至角分　　　　　　　　　　　　　　　面积单位：平方米

纳税人识别号 | | | | | | | | | | | | | | | | | | | | |

纳税人名称		项目名称		项目地址			
所属行业		登记注册类型		纳税人地址		邮政编码	
开户银行		银行账号		主管部门		电　话	

项　目				行次	金　额
一、转让房地产收入总额　1＝2＋3＋4				1	
其中	货币收入			2	
	实物收入			3	
	其他收入			4	
二、扣除项目金额合计 （1）5＝6＋7＋10＋15 （2）5＝11＋12＋14＋15				5	
（1）提供评估价格	1. 取得土地使用权所支付的金额			6	
	2. 旧房及建筑物的评估价格 7＝8×9			7	
	其中	旧房及建筑物的重置成本价		8	
		成新度折扣率		9	
	3. 评估费用			10	
（2）提供购房发票	1. 购房发票金额			11	
	2. 发票加计扣除金额 12＝11×5%×13			12	
	其中：房产实际持有年数			13	
	3. 购房契税			14	
4. 与转让房地产有关的税金等 15＝16＋17＋18＋19				15	
其中	营业税			16	
	城市维护建设税			17	
	印花税			18	
	教育费附加			19	
三、增值额 20＝1－5				20	
四、增值额与扣除项目金额之比（%）21＝20÷5				21	
五、适用税率（%）				22	
六、速算扣除系数（%）				23	
七、应缴土地增值税税额 24＝20×22－5×23				24	
八、减免税额（减免性质代码：　　　　）				25	
九、已缴土地增值税税额				26	
十、应补（退）土地增值税税额　27＝24－25－26				27	

续表

<table>
<tr><td colspan="6">以下由纳税人填写：</td></tr>
<tr><td>纳税人声明</td><td colspan="5">此纳税申报表是根据《中华人民共和国土地增值税暂行条例》及其实施细则和国家有关税收规定填报的，是真实的、可靠的、完整的。</td></tr>
<tr><td>纳税人签章</td><td></td><td>代理人签章</td><td></td><td>代理人身份证号</td><td></td></tr>
<tr><td colspan="6">以下由税务机关填写：</td></tr>
<tr><td>受理人</td><td></td><td>受理日期</td><td>年　月　日</td><td>受理税务机关签章</td><td></td></tr>
</table>

本表一式两份，一份纳税人留存，一份税务机关留存。

职业拓展能力训练

拓展训练一

甲企业位于某市市区，企业除厂房、办公用房外，还包括厂区围墙、烟囱、水塔、变电塔、游泳池、停车场等建筑物，总计工程造价10亿元，除厂房、办公用房外的建筑设施工程造价2亿元。假设当地政府规定的扣除比例为30%。

方案一：将所有建筑物都作为房产计入房产原值。应纳房产税 = 100 000 ×（1 − 30%）× 1.2% = 840（万元）。

方案二：将游泳池、停车场等都建成露天的，在会计账簿中单独核算。

请计算方案二应纳房产税税额。

拓展训练二

甲公司拥有一写字楼，配套设施齐全，对外出租。全年租金共3 000万元，其中含代收的物业管理费300万元，水电费为500万元。

方案一：甲公司与承租方签订租赁合同，租金为3 000万元。应纳房产税 = 3 000 × 12% = 360（万元）。

方案二：将各项收入分别由各相关方签订合同，如物业管理费由承租方与物业公司签订合同，水电费按照承租人实际耗用的数量和规定的价格标准结算、代收代缴。请计算方案二应纳房产税税额。

8 项目八 企业纳税综合实训

综合实训一

一、训练目标

1. 能针对发生的经济业务准确计算应纳增值税、消费税、城市维护建设税额和教育费附加金额。

2. 能在规定期限办理增值税、消费税、城市维护建设税纳税申报。

二、工作任务

1. 根据经济业务准确计算2019年6月应纳增值税、消费税、城市维护建设税税额和教育费附加金额。

2. 填制2019年6月纳税申报表（见表8-1、表8-2、表8-3），按规定期限办理增值税、消费税、城市维护建设税纳税申报。

三、实训材料

（一）企业基本情况

企业名称：彩云商贸有限公司

企业性质：集体企业

开户银行：建行顺利路分理处

纳税人识别号：78960000000000123

（二）业务资料

彩云商贸有限公司（一般纳税人）2019年6月份发生下列业务：

（1）销售粮、油、糖及食品给一般纳税人，专用发票上列明的销售额为560万元，其中经营粮食150万元，植物油120万元，小食品80万元；还有210万元为企业经营粮、油、食品收入，但账面上收入划分不清。

（2）销售粮食白酒 1 000 箱，每箱零售价 1 170 元，开出普通发票。

（3）将商场的库存红酒 100 箱给职工发放福利，另拿出 50 箱赠送他人，红酒每箱进价 200 元（不含税），零售价格为每箱 351 元。

（4）销售金银首饰，零售价格为 117 万元。

（5）接受投资商品一批，收到的增值税防伪税控系统开具的发票上注明的价格为 100 万元，增值税 17 万元。

（6）向农场购进农副产品一批，收购凭证列明价款为 200 万元，款已支付，产品入库。

（7）购进商品一批，价款 200 万元，商品入库，约定分 3 个月支付全部价款，本月份支付 80 万元，尚未收到专用发票。

（8）公司下设修理部，为客户修理家电，本月修理收入 128 700 元，开出普通发票，购进修理用材料一批，取得的增值税防伪税控系统开具的专用发票注明价格 5 万元。

（9）公司下设的运输队，单独核算，本月运费收入 10 万元；购进油料，取得的增值税防伪税控系统开具的专用发票注明价格 2 万元。

（10）公司有一门面房出租，本月取得租金收入 2 万元。

（11）接受其他企业委托，代销货物一批，本月代销额 100 万元（不含税），开出专用发票，另取得代销手续费 5 万元。

（12）该公司在外省办一分公司，本月份将一批不含税售价 100 万元的商品通过运输公司将商品运送到分公司，该公司以银行存款支付运输费 10 万元、装卸费 1 万元。

（13）去年将一仓库作为抵押，取得银行贷款 25 万元，现到期企业无款归还而将仓库的产权转给了银行，仓库公允价 50 万元。

（14）期末盘点从农民购进的农业产品非正常损失，账上不含运费的金额 8.7 万元，相应的运费 1 860 元。（取得的专用发票通过税务机关的认证）

表 8－1 **增值税纳税申报表**

（一般纳税人适用）

根据国家税收法律法规及增值税相关规定制定本表。纳税人不论有无销售额，均应按税务机关核定的纳税期限填写本表，并向当地税务机关申报。

税款所属时间：自　年　月　日至　年　月　日　　填表日期：　年　月　日　　金额单位：元至角分

纳税人识别号			所属行业：		
纳税人名称	（公章）	法定代表人姓名		注册地址		生产经营地址	
开户银行及账号		登记注册类型		电话号码	

项目		栏次	一般项目		即征即退项目	
			本月数	本年累计	本月数	本年累计
销售额	（一）按适用税率计税销售额	1				
	其中：应税货物销售额	2				
	应税劳务销售额	3				
	纳税检查调整的销售额	4				
	（二）按简易办法计税销售额	5				
	其中：纳税检查调整的销售额	6				
	（三）免、抵、退办法出口销售额	7			—	—
	（四）免税销售额	8			—	—
	其中：免税货物销售额	9			—	—
	免税劳务销售额	10			—	—

续表

项目		栏次	一般项目		即征即退项目	
			本月数	本年累计	本月数	本年累计
税款计算	销项税额	11				
	进项税额	12				
	上期留抵税额	13				—
	进项税额转出	14				
	免、抵、退应退税额	15			—	—
	按适用税率计算的纳税检查应补缴税额	16			—	—
	应抵扣税额合计	17 = 12 + 13 - 14 - 15 + 16		—		—
	实际抵扣税额	18（如 17 < 11，则为 17，否则为 11）				
	应纳税额	19 = 11 - 18				
	期末留抵税额	20 = 17 - 18		—		—
	简易计税办法计算的应纳税额	21				
	按简易计税办法计算的纳税检查应补缴税额	22			—	—
	应纳税额减征额	23				
	应纳税额合计	24 = 19 + 21 - 23				
税款缴纳	期初未缴税额（多缴为负数）	25				
	实收出口开具专用缴款书退税额	26			—	—
	本期已缴税额	27 = 28 + 29 + 30 + 31				
	①分次预缴税额	28		—		—
	②出口开具专用缴款书预缴税额	29		—	—	—
	③本期缴纳上期应纳税额	30				
	④本期缴纳欠缴税额	31				
	期末未缴税额（多缴为负数）	32 = 24 + 25 + 26 - 27				
	其中：欠缴税额（≥0）	33 = 25 + 26 - 27		—		—
	本期应补（退）税额	34 = 24 - 28 - 29		—		—
	即征即退实际退税额	35	—	—		
	期初未缴查补税额	36			—	—
	本期入库查补税额	37			—	—
	期末未缴查补税额	38 = 16 + 22 + 36 - 37			—	—

授权声明	如果你已委托代理人申报，请填写下列资料： 为代理一切税务事宜，现授权 （地址）　　　　　　为本纳税人的代理申报人，任何与本申报表有关的往来文件，都可寄予此人。 授权人签字：	申报人声明	本纳税申报表是根据国家税收法律法规及相关规定填报的，我确定它是真实的、可靠的、完整的。 声明人签字：

主管税务机关：　　　　接收人：　　　　接收日期：

表 8－2　　**其他应税消费品消费税纳税申报表**

税款所属期：　　年　　月　　日至　　年　　月　　日

纳税人识别号：□□□□□□□□□□□□□□□□□□□□

纳税人名称：

填表日期：　　年　　月　　日　　　　金额单位：元（列至角分）

项目 应税消费品名称	适用税率	销售数量	销售额	应纳税额
合计	—	—	—	

本期准予抵减税额：	声明 此纳税申报表是根据国家税收法律的规定填报的，我确定它是真实的、可靠的、完整的。 经办人（签章）： 财务负责人（签章）： 联系电话：
本期减（免）税额：	
期初未缴税额：	
本期缴纳前期应纳税额：	（如果你已委托代理人申报，请填写）
本期预缴税额：	授权声明 为代理一切税务事宜，现授权 ___________（地址）为本纳税人的代理申报人，任何与本申报表有关的往来文件，都可寄予此人。 授权人签章：
本期应补（退）税额：	
期末未缴税额：	

以下由税务机关填写

受理人（签章）：　　受理日期：　　年　　月　　日　　受理税务机关（章）：

表 8－3　　城市维护建设税纳税申报表

填表日期：　　年　　月　　日　　　　开户银行：

账　　号：

纳税人识别号：　　　　金额单位：元（至角分）

纳税人名称			税款所属时间	年　月	
计税依据	计税金额	税率	应纳税额	已缴税额	本期应缴（退）金额
合　计					

如纳税人填报，由纳税人填写以下各栏			如委托代理人填报，由代理人填写以下各栏			备注
会计主管（签章）	经办人（签章）	纳 税 人（签章）	代理人名称		代理人（签章）	
			地　　址			
			经 办 人			
			电话号码			

以下由税务机关填写			
收到申报表日期		接收人（签章）	地税机关（签章）

注：本表共三联，一联纳税人留存，一联税务会计核算，一联主管地税机关存档。

综合实训二

一、训练目标

1. 能针对发生的经济业务准确计算应纳增值税、消费税、城市维护建设税额和教育费附加金额。

2. 能在规定期限办理增值税、消费税、城市维护建设税纳税申报。

二、工作任务

1. 根据经济业务准确计算2019年6月应纳增值税、消费税、城市维护建设税额和教育费附加金额。

2. 填制2019年6月纳税申报表（见表8－4、表8－5、表8－6），在规定期限办理增值税、消费税、城市维护建设税纳税申报。

三、实训材料

（一）企业基本情况

企业名称：张氏餐饮有限公司

企业性质：集体企业

开户银行：建行北京路分理处

纳税人识别号：4562000000000123

（二）业务资料

某市张氏餐饮有限公司2019年1月1日开业，经营范围包括饮食、娱乐、旅游及其他服务，2019年6月收入情况如下：

1. 取得客房收入300万元，饮食收入500万元（其中包括销售自酿啤酒20吨取得的收入40万元）。

2. 打字、复印收入12万元；代理订购飞机票、火车票服务取得手续费收入2万元；经批准从事代销福利彩票业务取得手续费10万元。

3. 组织团体旅游，收取旅游费共计35万元，其中组团境内旅游收入15万元，替旅游者支付给其他单位餐费、住宿费、交通费、门票共计8万元；组团境外旅游收入20万元，付给境外接团企业费用12万元。

4. 歌舞厅门票收入5万元，出售饮料、烟、酒收入10万元，收取点歌费15万元；开设台球厅取得收入2万元，设立的“电子游戏机”取得收入3万元。

5. 美容美发、中医按摩收入150万元；另派出5名员工赴某国娱乐中心提供中医按摩服务取得收入70万元。

6. 转让闲置房屋一栋，取得收入300万元，买价200万元。

7. 转让娱乐设备一台，共收取款项20.8万元，该设备原值20万元。

表8-4 **增值税纳税申报表**

（一般纳税人适用）

根据国家税收法律法规及增值税相关规定制定本表。纳税人不论有无销售额，均应按税务机关核定的纳税期限填写本表，并向当地税务机关申报。

税款所属时间：自 年 月 日至 年 月 日 填表日期： 年 月 日 金额单位：元至角分

纳税人识别号				所属行业：	
纳税人名称	（公章）	法定代表人姓名		注册地址	生产经营地址
开户银行及账号		登记注册类型			电话号码

项目		栏次	一般项目		即征即退项目	
			本月数	本年累计	本月数	本年累计
销售额	（一）按适用税率计税销售额	1				
	其中：应税货物销售额	2				
	应税劳务销售额	3				
	纳税检查调整的销售额	4				
	（二）按简易办法计税销售额	5				
	其中：纳税检查调整的销售额	6				
	（三）免、抵、退办法出口销售额	7			—	—
	（四）免税销售额	8			—	—
	其中：免税货物销售额	9			—	—
	免税劳务销售额	10			—	—

续表

项目		栏次	一般项目		即征即退项目	
			本月数	本年累计	本月数	本年累计
税款计算	销项税额	11				
	进项税额	12				
	上期留抵税额	13				—
	进项税额转出	14				
	免、抵、退应退税额	15			—	—
	按适用税率计算的纳税检查应补缴税额	16			—	—
	应抵扣税额合计	17 = 12 + 13 - 14 - 15 + 16		—		—
	实际抵扣税额	18（如17 < 11，则为17，否则为11）				
	应纳税额	19 = 11 - 18				
	期末留抵税额	20 = 17 - 18				—
	简易计税办法计算的应纳税额	21				
	按简易计税办法计算的纳税检查应补缴税额	22			—	—
	应纳税额减征额	23				
	应纳税额合计	24 = 19 + 21 - 23				
税款缴纳	期初未缴税额（多缴为负数）	25				
	实收出口开具专用缴款书退税额	26			—	—
	本期已缴税额	27 = 28 + 29 + 30 + 31				
	①分次预缴税额	28		—		—
	②出口开具专用缴款书预缴税额	29		—	—	—
	③本期缴纳上期应纳税额	30				
	④本期缴纳欠缴税额	31				
	期末未缴税额（多缴为负数）	32 = 24 + 25 + 26 - 27				
	其中：欠缴税额（≥0）	33 = 25 + 26 - 27		—		—
	本期应补（退）税额	34 = 24 - 28 - 29		—		—
	即征即退实际退税额	35	—	—		
	期初未缴查补税额	36			—	—
	本期入库查补税额	37			—	—
	期末未缴查补税额	38 = 16 + 22 + 36 - 37			—	—

授权声明	如果你已委托代理人申报，请填写下列资料： 为代理一切税务事宜，现授权 （地址）　　　　　　　　　为本纳税人的代理申报人，任何与本申报表有关的往来文件，都可寄予此人。 授权人签字：	申报人声明	本纳税申报表是根据国家税收法律法规及相关规定填报的，我确定它是真实的、可靠的、完整的。 声明人签字：

主管税务机关：　　　　　　接收人：　　　　　　接收日期：

表 8－5　　**酒类应税消费品消费税纳税申报表**

税款所属期：　　年　　月　　日至　　年　　月　　日

纳税人名称（公章）：　　　　纳税人识别号：□□□□□□□□□□□□□□□□□□□□

填表日期：　年　　月　　日　　　　金额单位：元（列至角分）

项目 应税消费品名称	适用税率		销售数量	销售额	应纳税额
	定额税率	比例税率			
粮食白酒	0.5 元/斤	20%			
薯类白酒	0.5 元/斤	20%			
啤酒	250 元/吨	—			
啤酒	220 元/吨	—			
黄酒	240 元/吨	—			
其他酒	—	10%			
合计	—	—	—	—	

<table>
<tr><td>本期准予抵减税额：</td><td rowspan="3">声明
此纳税申报表是根据国家税收法律的规定填报的，我确定它是真实的、可靠的、完整的。
经办人（签章）：
财务负责人（签章）：
联系电话：</td></tr>
<tr><td>本期减（免）税额：</td></tr>
<tr><td>期初未缴税额：</td></tr>
<tr><td>本期缴纳前期应纳税额：</td><td rowspan="4">（如果你已委托代理人申报，请填写）
授权声明
为代理一切税务事宜，现授权＿＿＿＿＿＿＿＿（地址）＿＿＿＿＿＿＿＿为本纳税人的代理申报人，任何与本申报表有关的往来文件，都可寄予此人。
授权人签章：</td></tr>
<tr><td>本期预缴税额：</td></tr>
<tr><td>本期应补（退）税额：</td></tr>
<tr><td>期末未缴税额：</td></tr>
</table>

以下由税务机关填写

受理人（签章）：　　　受理日期：　年　　月　　日　　　受理税务机关（章）：

表8-6　　　　　　　　　　城市维护建设税纳税申报表

开户银行：

填表日期：　　年　　月　　日　　　　　　　　账　　号：

纳税人识别号：　　　　　　　　　　　　　　　金额单位：元（至角分）

<table>
<tr><td>纳税人名称</td><td colspan="2"></td><td>税款所属时间</td><td colspan="2">年　月</td></tr>
<tr><td>计税依据</td><td>计税金额</td><td>税率</td><td>应纳税额</td><td>已缴税额</td><td>本期应缴（退）金额</td></tr>
<tr><td></td><td></td><td></td><td></td><td></td><td></td></tr>
<tr><td></td><td></td><td></td><td></td><td></td><td></td></tr>
<tr><td></td><td></td><td></td><td></td><td></td><td></td></tr>
<tr><td></td><td></td><td></td><td></td><td></td><td></td></tr>
<tr><td>合　计</td><td></td><td></td><td></td><td></td><td></td></tr>
</table>

<table>
<tr><td colspan="3">如纳税人填报，由纳税人填写以下各栏</td><td colspan="3">如委托代理人填报，由代理人填写以下各栏</td><td rowspan="5">备注</td></tr>
<tr><td rowspan="4">会计主管
（签章）</td><td rowspan="4">经办人
（签章）</td><td rowspan="4">纳 税 人
（签章）</td><td>代理人名称</td><td></td><td rowspan="4">代理人
（签章）</td></tr>
<tr><td>地　　址</td><td></td></tr>
<tr><td>经 办 人</td><td></td></tr>
<tr><td>电话号码</td><td></td></tr>
</table>

<table>
<tr><td colspan="4">以下由税务机关填写</td></tr>
<tr><td>收到申报表
日期</td><td></td><td>接收人（签章）</td><td>地税机关（签章）</td></tr>
</table>

注：本表共三联，一联纳税人留存，一联税务会计核算，一联主管地税机关存档。

综合实训三

一、训练目标

1. 能根据企业发生的经济业务判断发生的纳税义务。
2. 能根据确定的纳税义务准确计算应纳各项税额。
3. 能在规定期限办理企业所得税年度纳税申报。

二、工作任务

1. 根据企业发生的经济业务确定发生的纳税义务。

2. 根据经济业务准确计算应纳各项税额。

3. 填制企业所得税纳税申报表（见表8－7），在规定期限办理企业所得税年度纳税申报。

三、实训材料

（一）企业基本情况

企业名称：精彩电视有限公司

企业性质：集体企业

开户银行：工行荷花路分理处

纳税人识别号：12350000000000123

（二）业务资料

精彩电视有限公司为某市一家居民企业（增值税一般纳税人），主要生产销售彩色电视机，假定2019年度有关经营业务如下：

（1）销售彩电取得不含税收入8 600万元，与彩电配比的销售成本5 660万元；

（2）转让技术所有权取得收入700万元，直接与技术所有权转让有关的成本和费用100万元；

（3）出租设备取得租金收入200万元，接受原材料捐赠取得增值税专用发票注明材料金额50万元、增值税进项税金8.5万元，取得国债利息收入30万元；

（4）购进原材料共计3 000万元，取得增值税专用发票注明进项税额510万元；支付购料运输费用共计230万元，取得运输发票；

（5）销售费用1 650万元，其中广告费1 400万元；

（6）管理费用850万元，其中业务招待费90万元；

（7）财务费用80万元，其中含向非金融企业借款500万元所支付的年利息40万元（当年金融企业贷款的年利率为5.8%）；

（8）计入成本、费用中的实发工资540万元；发生的工会经费15万元、职工福利费82万元、职工教育经费18万元；

（9）营业外支出300万元，其中包括通过公益性社会团体向贫困山区的捐款150万元。

（其他相关资料：①上述销售费用、管理费用和财务费用不涉及转让费用；②取得的相关票据均通过主管税务机关认证。）

表8－7　　中华人民共和国企业所得税年度纳税申报表（A类）

A100000

行次	类别	项　　目	金　额
1	利润总额计算	一、营业收入（填写 A101010\101020\103000）	
2		减：营业成本（填写 A102010\102020\103000）	
3		减：税金及附加	
4		减：销售费用（填写 A104000）	
5		减：管理费用（填写 A104000）	
6		减：财务费用（填写 A104000）	
7		减：资产减值损失	
8		加：公允价值变动收益	
9		加：投资收益	
10		二、营业利润（1－2－3－4－5－6－7＋8＋9）	
11		加：营业外收入（填写 A101010\101020\103000）	
12		减：营业外支出（填写 A102010\102020\103000）	
13		三、利润总额（10＋11－12）	
14	应纳税所得额计算	减：境外所得（填写 A108010）	
15		加：纳税调整增加额（填写 A105000）	
16		减：纳税调整减少额（填写 A105000）	
17		减：免税、减计收入及加计扣除（填写 A107010）	
18		加：境外应税所得抵减境内亏损（填写 A108000）	
19		四、纳税调整后所得（13－14＋15－16－17＋18）	
20		减：所得减免（填写 A107020）	
21		减：弥补以前年度亏损（填写 A106000）	
22		减：抵扣应纳税所得额（填写 A107030）	
23		五、应纳税所得额（19－20－21－22）	
24	应纳税额计算	税率（25%）	
25		六、应纳所得税额（23×24）	
26		减：减免所得税额（填写 A107040）	
27		减：抵免所得税额（填写 A107050）	
28		七、应纳税额（25－26－27）	
29		加：境外所得应纳所得税额（填写 A108000）	
30		减：境外所得抵免所得税额（填写 A108000）	
31		八、实际应纳所得税额（28＋29－30）	
32		减：本年累计实际已缴纳的所得税额	
33		九、本年应补（退）所得税额（31－32）	
34		其中：总机构分摊本年应补（退）所得税额（填写 A109000）	
35		财政集中分配本年应补（退）所得税额（填写 A109000）	
36		总机构主体生产经营部门分摊本年应补（退）所得税额（填写 A109000）	

综合实训四

一、训练目标

1. 能根据企业发生的经济业务判断发生的纳税义务。
2. 能针对发生的经济业务准确计算应纳各项税额。
3. 能在规定期限办理企业所得税年度纳税申报。

二、工作任务

1. 根据企业发生的经济业务确定发生的纳税义务。
2. 根据经济业务准确计算应纳各项税额。
3. 填制企业所得税纳税申报表（见表 8 - 8），在规定期限办理企业所得税年度纳税申报。

三、实训材料

（一）企业基本情况

企业名称：润新房地产开发有限公司

企业性质：集体企业

开户银行：建行通达路分理处

纳税人识别号：45620000000000123

（二）业务资料

某市区润新房地产开发有限公司在 2019 年 1 月 ~9 月中旬开发写字楼一栋，总建筑面积 10 000 平方米。在开发写字楼的过程中，取得土地使用权支付金额 2 400 万元，发生房地产开发成本 2 600 万元。9 月 ~12 月将写字楼全部销售，销售合同记载收入 9 600 万元。另外该公司从 2019 年 3 月 1 日起将 2018 年建成的一栋账面价值为 1 000 万元的开发产品临时对外出租，租赁合同约定每月租金 10 万元，租赁期限 10 个月，2019 年 6 月底双方同意停止租赁。该公司全年发生销售费用 600 万元、管理费用 820 万元（未含印花税和房产税）、财务费用 180 万元（全部为当年开发写字楼的借款利息支出，能提供金融机构证明且未超过按商业银行同类同期贷款利率计算的金额）。

（注：计算房产余值的扣除比例为 20%，企业所得税税率 25%，计算土地增值税其他开发费用的扣除比例为 5%）

表8－8　中华人民共和国企业所得税年度纳税申报表（A类）

A100000

行次	类别	项　　目	金　额
1	利润总额计算	一、营业收入（填写A101010\101020\103000）	
2		减：营业成本（填写A102010\102020\103000）	
3		减：税金及附加	
4		减：销售费用（填写A104000）	
5		减：管理费用（填写A104000）	
6		减：财务费用（填写A104000）	
7		减：资产减值损失	
8		加：公允价值变动收益	
9		加：投资收益	
10		二、营业利润（1－2－3－4－5－6－7＋8＋9）	
11		加：营业外收入（填写A101010\101020\103000）	
12		减：营业外支出（填写A102010\102020\103000）	
13		三、利润总额（10＋11－12）	
14	应纳税所得额计算	减：境外所得（填写A108010）	
15		加：纳税调整增加额（填写A105000）	
16		减：纳税调整减少额（填写A105000）	
17		减：免税、减计收入及加计扣除（填写A107010）	
18		加：境外应税所得抵减境内亏损（填写A108000）	
19		四、纳税调整后所得（13－14＋15－16－17＋18）	
20		减：所得减免（填写A107020）	
21		减：弥补以前年度亏损（填写A106000）	
22		减：抵扣应纳税所得额（填写A107030）	
23		五、应纳税所得额（19－20－21－22）	
24	应纳税额计算	税率（25%）	
25		六、应纳所得税额（23×24）	
26		减：减免所得税额（填写A107040）	
27		减：抵免所得税额（填写A107050）	
28		七、应纳税额（25－26－27）	
29		加：境外所得应纳所得税额（填写A108000）	
30		减：境外所得抵免所得税额（填写A108000）	
31		八、实际应纳所得税额（28＋29－30）	
32		减：本年累计实际已缴纳的所得税额	
33		九、本年应补（退）所得税额（31－32）	
34		其中：总机构分摊本年应补（退）所得税额（填写A109000）	
35		财政集中分配本年应补（退）所得税额（填写A109000）	
36		总机构主体生产经营部门分摊本年应补（退）所得税额（填写A109000）	